MS 365의 모든 것

MS 플랫폼을 사용해 보고 싶은 초급자부터
심화 과정이 필요한 중급자까지
한 권으로 끝내는 MS 365의 모든 것

MS 365의 모든 것

이상민, 김홍순, 강현욱 지음

Microsoft 365, 교육의 미래를 설계하다

리더북스

이 책의 활용 방법

시작하기에 앞서, 이 책을 조금 더 효과적으로 활용하는 방법에 대해 안내하겠습니다.

이 책에 나오는 온라인 매뉴얼 사이트는 다음과 같습니다.

A3 Plan 교육 사이트 메인
https://microsofta3.com/

PC나 스마트폰에 이 사이트를 즐겨찾기로 등록해서 활용하세요.

❶ 학습해 보고 싶은 MS 365 서비스를 위 사이트를 통해 접속한 후, 온라인 매뉴얼을 간단히 읽어보거나 실습해 보면 전체 맥락이 눈에 들어오기 때문에 책을 읽어가면서 내용을 이해하기가 더욱 쉽습니다.

페이지 예시

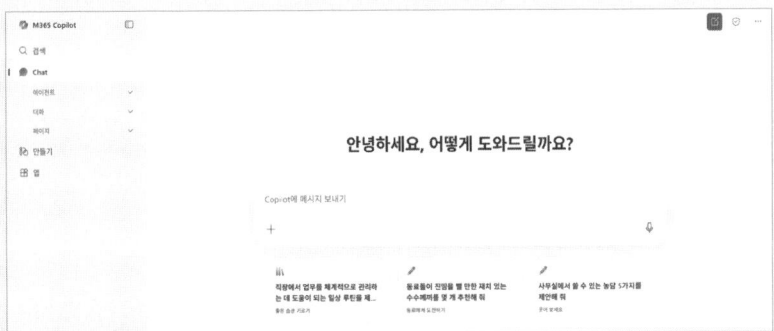

▲ Copilot Chat의 화면

☞ Copilot에 대해 자세히 알고 싶다면

https://sway.cloud.microsoft/gHIuPIE8S9zb5XvR?ref=Link
(Copilot #1 참고)

❷ 책을 읽어가면서 책에 담긴 내용을 실제로 실습해 보고 싶다면 첨부된 QR코드를 촬영하여 접속합니다. 스마트폰도 좋지만 태블릿으로 보면 확인하기가 더욱 좋습니다.

❸ IT 관련 도서의 특성상 해당 서비스가 업데이트되거나 URL이 변경될 수 있습니다. 필자들도 자주 확인하겠지만, 혹시 이용 시 수정 사항이 발견되어 문의하시면 즉시 반영하겠습니다.

추천의 글

With over 36 years in the educational technology industry and a family legacy steeped in education- from grandparents who taught in high schools and universities, to a mother who served as a teacher, principal, and superintendent, and a sister who dedicated her career to the classroom- I've developed a profound respect for educators and the vital work they do. Their commitment to helping students succeed and prepare for life is both inspiring and essential. This book, 《All About MS 365: Designing the Future of Education with Microsoft 365》, is a practical guide designed to support that mission. It explores how Microsoft 365 tools- from OneDrive and Teams to Copilot and Minecraft- can be used to enhance teaching, streamline school operations, and foster student engagement. Each chapter offers insights into how educators can leverage technology to collaborate, assess, create, and innovate in their classrooms. I'm honored to introduce this resource, which reflects the spirit of professional development and peer learning that empowers teachers to thrive in a rapidly evolving digital landscape.

- **Larry Nelson**(Microsoft Regional leader, Worldwide Public Sector)

교육 기술 분야에서 36년 넘게 종사해 오며 고등학교와 대학에서 가르친 조부모님부터 교사, 교장, 교육감을 역임한 어머니, 교육 현장에서 소임을 다하고 있는 누이에 이르기까지 가족의 전통과 함께 성장해 온 저는 교육자와 그분들이 하는 중요한 일에 대해 깊은 존경심을 갖게 되었습니다. 학생들이 성장하고 삶을 준비할 수 있도록 돕는 그들의 헌신은 언제나 감동적이며, 오늘날 그 중요성이 더욱 커지고 있습니다. 이 책《MS 365의 모든 것: Microsoft 365, 교육의 미래를 설계하다》는 이러한 교육자들의 사명을 실질적으로 뒷받침하기 위해 집필된 실용적인 안내서입니다. OneDrive와 Teams는 물론 Copilot, Minecraft에 이르기까지 Microsoft 365의 다양한 도구들이 어떻게 수업을 향상시키고 학교 운영을 효율화하며 학생의 참여를 유도할 수 있는지를 구체적으로 보여줍니다. 각 장에서는 교사들이 교실에서 협업하고, 평가하고, 창작하고, 혁신하는 데 기술을 어떻게 효과적으로 활용할 수 있는지에 대한 통찰을 제공합니다. 빠르게 변화하는 디지털 환경 속에서 교사들이 성장하고 함께 배우며 전문성을 확장해 나갈 수 있도록 돕는 이 책을 추천하게 되어 영광입니다.

- 래리 넬슨 (마이크로소프트 아시아 교육부문 사장)

추천의 글

오랫동안 마이크로소프트 혁신 교사로 활동하며 수많은 교육 현장에서 Microsoft 365를 수업에 적용하고 강의해 온 이상민, 김홍순, 강현욱 선생님은 기술을 통해 학습의 형평성, 포용성과 접근성을 높이고자 하는 마이크로소프트의 교육 철학을 실천해 온 모범적인 교육자입니다. 이번에 출간되는 책은 MS 365 교육용 제품군 전반을 체계적으로 설명하며, 교사와 학생들이 실제 수업에 효과적으로 적용할 수 있도록 돕는 실용적인 가이드입니다. 특히 학습자 중심의 수업 설계와 협업 기반 학습 환경을 구현하는 데 필요한 구체적인 내용들이 담겨 있어, 디지털 교육 혁신을 추구하는 모든 교육자에게 큰 영감을 줄 것입니다. 철학, 기술 그리고 재미를 모두 갖춘 이 책을 강력히 추천합니다.

- 심재경 (한국 Microsoft 공공교육팀장)

교사의, 교사에 의한, 교사를 위한 이 책은 교육 현장에서 겪는 교사들의 실질적인 고민에서 출발했다는 점에서 강력합니다. 각종 행정, 수업 연구, 상담록 작성에 이르기까지 교사의 모든 업무를 MS 365로 통합 관리하는 방법을 구체적으로 제시하여 책을 읽으면서 어느새 MS 365를 하고 있는 마법을 경험하게 될 것입니다. 2025년 5월, OECD는 OECD Teaching Compass를 발표하며 미래 교육을 위해 교사가 디지털 도구를 능숙하게 활용하는 것을 넘어 교육 혁신의 공동 설계자로 거듭나야 함을 강조하였습니다. 때마침 이 책이 그러한 변화의 실질적 토대를 마련해주고 있습니다. 교육 현장의 디지털 전환을 고민하는 모든 교사에게 강력히 추천합니다.

- 김성애(덕성여자대학교 교직학부 교수)

추천의 글

Microsoft 365를 교육 현장에 가장 적합하게 이해하고 실천해 온 세 분의 선생님을 드디어 책으로 만납니다. 현장의 필요를 누구보다 잘 아는 저자들의 경험과 통찰은, 디지털 교육 전환을 준비하는 모든 교사에게 든든한 길잡이가 될 것입니다. 특히 Microsoft AI Hero Teacher 프로그램을 통해 다져진 깊이 있는 이해와 실천 노하우가 이 책에 고스란히 담겨 있습니다. 복잡한 기능을 쉽게 풀어주고, 교육에 바로 적용 가능한 사례 중심의 설명이 인상적입니다. 단순한 매뉴얼을 넘어서, 디지털 도구로 교육의 질을 높이고 싶은 모든 교육자들에게 강력히 추천합니다. 이 책은 교사의 열정과 전문성이 만난 결정체입니다.

- **구병국**(인천뷰티예술고등학교 교사, 마이크로소프트 혁신 교사/Microsoft Certified Trainer)

저자 서문

Microsoft 서비스를 교육 현장에서 본격적으로 활용한 지 어느덧 15년이 넘었습니다. 과거에 사용하던 Microsoft 서비스는 Windows와 Word, Excel, PowerPoint 정도에 머물렀지만, Microsoft 365(이하 MS 365)로 발전하면서 교육 현장에 혁신적인 변화를 불러왔습니다. 교사들이 업무를 빠르게 효율적으로 처리하고, 수업자료를 효과적으로 제작하며, 학생들과 원활하게 소통할 수 있는 환경이 마련되었습니다.

좋은 것을 알게 되면 주변에 자연스럽게 전하고 싶은 것이 인지상정이듯, 저에게 MS 365는 꼭 알려주고 싶은 가치 있는 도구였습니다. 오랜 시간 동안 교육 현장에서 많은 교사들을 만나며 MS 365를 학교에서 유용하게 활용하는 방법을 꾸준히 안내해 왔습니다. 처음에는 사용이 익숙하지 않아 어려워하던 교사들도 조금씩 유용한 기능을 알아가면서 "이렇게 좋은 줄 몰랐다."라는 반응을 자주 보여주었고, 그럴 때마다 큰 보람과 뿌듯함을 느끼곤 했습니다. 이 과정을 지켜보면서 학교 업무 수행과 수업 설계, 학생과의 소통에서 MS 365 플랫폼이 실제적인 역할을 할 수 있음을 실감했습니다. 기술 자체가 수업을 바꾸는 것이 아니라, 도구를 깊이 이해한 교사의 설계와 활용 방식이 수업과 업무, 학급 관리를 혁신적으로 변화시킬 수 있다는 사실을 명확히 알게 되었습니다. 이 책에는 그런 경험과 노력의 흔적들이 담겨 있습니다.

MS 365 생태계는 그 어떤 에듀테크 서비스들보다 강력하고, 하나의 플랫폼 안에서 학교 현장에 필요한 수업과 업무에 대한 모든 것을 해결할 수 있는 기능과 연결성을 포함하고 있습니다. 이 놀라운 성능을 입체적으로 이해하기까지 걸리는 시간을 줄이고자 이 책은 MS 365를 처음 접하는 교사들이 쉽게 이해하고 사용하도록 안내하고, 이미 익숙한 교사들에게는 더 깊이 있고 전문적인 활용 방법을 제시하려고 노력했습니다.

Windows 운영체제를 비롯해 Teams, OneDrive, Copilot 등 클라우드와 AI 기반 플랫폼을 효과적으로 연결하고, 각 시·도 교육청에서 제공하는 Microsoft A3 라이선스를 수업, 평가, 행정 분야에 실질적으로 적용하는 구체적인 절차를 단계별로 설명했습니다.

첫 발걸음을 떼는 교사들에게는 MS 365 생태계가 조금 복잡하게 느껴질 수도 있습니다. 그러나 학교 교육 현장에 맞추어 명쾌하게 실용적인 내용으로 풀어냈기에 금방 학교 수업과 업무에 적용할 수 있을 것입니다. 부디 이 책이 교사들에게는 디지털 도구를 친숙하게 활용할 수 있는 길잡이가 되고, 학생들에게는 창의적인 문제 해결력을 키우는 든든한 기반이 되기를 진심으로 소망합니다.

집필의 기회를 준 리더북스 대표님과 집필 과정 내내 아낌없는 도움을 준 Microsoft 관계자분들, 함께 원고를 완성해 준 김홍순, 강현욱 선생님께도 깊은 감사의 마음을 전합니다.

이 책이 또 누군가에게는 새로운 시작의 소중한 계기가 되기를 진심으로 바랍니다.

Contents

Chapter 1 MS 365로 학교에서 할 수 있는 것들

Lesson 01	MS 365의 장점	023
Lesson 02	학교에서 사용하는 MS 365 라이선스	025
Lesson 03	MS 365 서비스 제품 소개	028

 OneDrive   028
 최신 버전의 Microsoft Office 프로그램 설치 및 활용   031
 Web Office   033
 Teams   035
 Copilot Chat   036
 Minecraft Education   038
 Intune   039
 Power Platform   040
 Learning Accelerator(MS 365 통합 앱 버전)   041
 그 밖의 앱들 소개   042

Chapter 2 학교 데이터를 효과적으로 관리하는 클라우드, OneDrive

Lesson 01	OneDrive의 필요성	045
Lesson 02	OneDrive로 할 수 있는 일들과 사용 방법	047
Lesson 03	OneDrive를 학교에서 활용하는 방법	050

 클라우드 저장소로서의 OneDrive   050
 컴퓨터 공간 확보   051
 파일 탐색기   054
 MS 365 협업을 위한 베이스   055
 폴더 공유로 간이 교무실 만들기   058
 데이터 수합   060

Chapter 3 완벽한 스케줄 관리와 이메일 서비스, Outlook & To do

Lesson 01	Outlook & To do의 장점	067
Lesson 02	Outlook 버전 살펴보기	069
Lesson 03	Outlook의 대표 기능	071
	Outlook 메일 기능	071
	Outlook 일정 기능	073
	Outlook To do 기능	073
	MS 365 앱 허브로서의 기능	074
Lesson 04	웹 버전 Outlook과 모바일 앱 버전 Outlook 및 To do	076
	웹 버전 Outlook	076
	모바일 앱 버전의 Outlook 및 To do	077
Lesson 05	Outlook과 To do 기능을 학교에서 활용하는 방법	078

Chapter 4 학교자료의 완전한 디지털 플랫폼화, OneNote(+Lens)

Lesson 01	OneNote를 추천하는 이유	083
Lesson 02	OneNote로 할 수 있는 일들	084
Lesson 03	OneNote 사용 방법	086
Lesson 04	OneNote를 학교에서 활용하는 방법	088
	교무수첩	088
	공문서철	090
	상담록	093
	회의록	094
	출석부 및 수업 진도표	095
	수업자료 보관소	096
	종이 자료 스캔 저장소	097

Chapter 5 수업, 소통, 협업까지, Teams로 완성하는 디지털 학교

Lesson 01	**Teams는 디지털 교육 환경의 필수 플랫폼**	103
Lesson 02	**Teams로 할 수 있는 일들**	105
Lesson 03	**Teams의 외형 살펴보기 및 각각의 기능들**	107
	가장 편리한 파일 공유와 협업	108
	고품질의 화상회의(모임 기능)	109
	가장 편리한 수업용 노트, Class Notebook	110
	효과적이고 효율적인 과제 배포와 피드백	112
	학습 가속화 도구의 활용	114
	학생들의 감정을 이해해 주는 Reflect	116
	Insights	117
	그 밖의 기능들	118

Chapter 6 함께 구성하는 학급 홈페이지, Loop

Lesson 01	**Loop의 필요성**	123
Lesson 02	**Loop로 만드는 학급 홈페이지**	125
Lesson 03	**Loop 사용 방법**	127
Lesson 04	**Loop를 활용하여 학급 홈페이지를 구성하는 방법**	129
	텍스트로 작성하는 홈페이지 소개	129
	시간표	130
	학사 일정 알림	132
	1인 1역	133
	종례 사항	134
	수행평가 알림	135
	학급 건의 사항	137
	사진첩과 출결 양식	138

Chapter 7 학교 업무와 수업을 돕는 생성형 AI, Copilot

Lesson 01	Copilot은 교사의 업무 부담을 덜어주는 유용한 도구	143
Lesson 02	Copilot의 보편적 기능	145
Lesson 03	Copilot의 종류 및 기본 설치 방법	147
Lesson 04	Copilot 인터페이스의 이해	149
Lesson 05	Copilot과 Edge 브라우저를 연동하고 활용하는 방법	151
Lesson 06	Copilot Designer 접속 및 활용 방법	153
Lesson 07	Copilot을 학교에서 활용하는 방법	155

Copilot+Edge로 AIDT처럼 활용하기   155
Copilot+Edge로 URL 웹데이터 분석 후 PPT로 간단히 정리하기   157
나만의 인공지능으로 만들어 Copilot 활용하기   158
Copilot을 활용하여 외국어 공부하기   160
Copilot+Edge와 나이스 연동하여 활용하기   162
Copilot과 음성 받아쓰기 기능으로 회의 내용 정리하기   164

Chapter 8 다문화 학생의 수업 접근성을 높이는 PowerPoint

Lesson 01	PowerPoint로 할 수 있는 일들	169
Lesson 02	PowerPoint 사용 방법	171
Lesson 03	다문화 학생의 수업 참여를 위해 PowerPoint를 활용하는 방법	173

학생 맞춤형 자막 생성   173
Teams와 연동한 슬라이드 번역   175
다문화 맞춤형 활동지   178
직관적 이해를 위한 3D 모델   180
모핑: 흐름과 연결이 있는 프레젠테이션   182

Chapter 9 Forms로 형성평가와 학교 설문하기

Lesson 01	Forms로 할 수 있는 일들	187
Lesson 02	Forms 사용 방법	189
Lesson 03	Forms를 학교에서 활용하는 방법	190

기초 조사 도구 190
설문 도구 193
빠른 피드백을 할 수 있는 형성평가 도구 194
과제 제출 196

Chapter 10 카드뉴스와 웹 프레젠테이션을 작성하는 Sway

Lesson 01	Sway로 할 수 있는 일들	201
Lesson 02	Sway 사용 방법	203
Lesson 03	Sway를 학교에서 활용하는 방법	204

간단한 수업 콘텐츠 제작 204
Sway로 만드는 카드뉴스 206
Sway로 만드는 반응형 안내문 208

Chapter 11 Whiteboard를 학교에서 활용하는 스마트한 방법

Lesson 01	Whiteboard로 할 수 있는 일들	213
Lesson 02	Whiteboard 사용 방법	215
Lesson 03	Whiteboard를 학교에서 활용하는 방법	217

실시간 협업	217
아이디어 시각화	218
다양한 템플릿 활용 가능	220
모든 판서가 데이터화되는 디지털 칠판	222
문서를 연동한 Whiteboard	223
유튜브 데이터 모으기	225

Chapter 12 Clipchamp를 학교에서 활용하기

Lesson 01	Clipchamp로 할 수 있는 일들	229
Lesson 02	Clipchamp 사용 방법	231
Lesson 03	Clipchamp를 학교에서 활용하는 방법	233
	손쉬운 영상 편집을 활용한 학생 과제 제작	233
	AI 음성 인식 기능을 활용한 교육 영상 편집	235
	누구나 활용할 수 있는 손쉬운 인터페이스	237
	클라우드 기반 자료 관리 및 자료 공유 영상	238
	텍스트 음성 지원 기능으로 영상 창작을 더 풍부하게	240
	인트로 영상 만들기 수업	241

Chapter 13 Minecraft, 마이크로소프트의 글로벌 메타버스 교육 플랫폼

Lesson 01	Minecraft 소개	247
Lesson 02	Minecraft의 교육적 가치	249
Lesson 03	Minecraft로 할 수 있는 대표적인 수업들	252
Lesson 04	Minecraft Education의 기본 설치 및 세팅 방법	254
Lesson 05	Minecraft Education을 수업에 도입하기 전 3가지 기본 설정 세팅 방법	258
Lesson 06	Minecraft Education으로 할 수 있는 교육 방법	262

공간 디자인 및 건축 창작 교육	262
교육용 라이브러리를 활용한 수업	264
프로그래밍 및 코딩 교육	265
협력적 프로젝트 수업 및 문제 해결 융합 수업	266

Chapter 14 마이크로소프트 혁신 교사 MIEE 제도

Lesson 01	**MIEE 프로그램 소개**	271
	MIEE의 주요 역할과 활동	272
Lesson 02	**MIEE의 지원 과정**	273
	MIEE가 누릴 수 있는 혜택	276
Lesson 03	**한국에서의 MIEE 운영 방식**	277

Chapter 1

MS 365로 학교에서 할 수 있는 것들

Lesson 01
MS 365의 장점

학교 현장에서는 효과적인 수업과 원활한 업무처리를 위한 디지털 도구가 필요합니다. 수업자료 제작, 과제의 제출과 수합, 업무 관련 문서 작성, 설문 등 여러 분야에 필요한 도구들이 요구됩니다. MS 365는 이러한 요구사항을 충실히 반영해 주는 도구입니다.

일단, Microsoft가 제공하는 서비스이므로 갑자기 중단되거나 사라질 염려가 없습니다. 또한 학교에서 필수적으로 활용해야 하는 MS Office 군의 프로그램을 클라우드 기반으로 제공하여 교육 활동을 효율적으로 지원합니다. 이를 통해 수업 준비 시간은 단축되고, 자료 관리와 학습 피드백이 체계적으로 이루어질 수 있으며, 다양한 형태의 수업 환경에서도 효과적인 운영이 가능합니다. 이 밖에도 학급 관리, 학부모와의 소통, 각종 문서 작성 등 교사의 다양한 업무를 더욱더 체계적이고 효율적으로 수행할 수 있습니다.

MS 365는 앞서 언급한 MS Office 군의 서비스뿐만 아니라 설문, 웹 자료 제작, 팀 협업, 특별실 예약, 앱 제작 및 데이터 분석, 영상 제작 등에 필요한 서비스들도 제공하고 있어서 학교에서 필요한 대부분의 업무와 수업에 활용할 수 있습니다. 또한 Copilot을 활용할 수 있게 됨에 따라 안전한 생성형 AI 서비스도 사용할 수 있게 되었습니다. 이처럼 MS 365는 교사의 교육 활동뿐만 아니라 행정 업무까지 아우르는 스마트한 교육 환경 조성의 핵심 도구입니다.

Lesson 02

학교에서 사용하는 MS 365 라이선스

전국 교육청 MS 365 가입센터

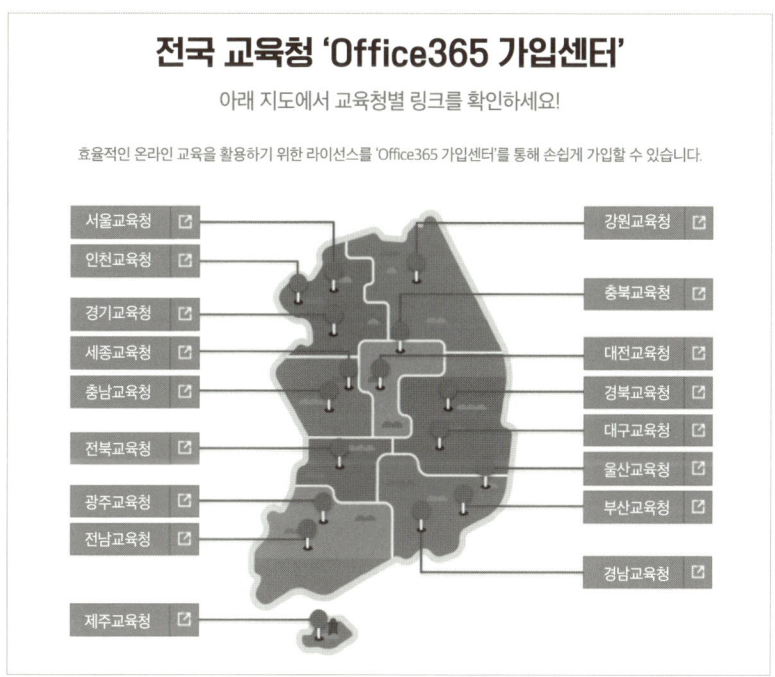

▲ 전국 교육청 MS 365 가입센터

현재 대부분의 교육청들은 MS 365 서비스에 계약되어 있습니다. 매년 각 교육청의 공문을 통해 관련 내용이 전달됩니다. MS 365 서비스를 담당하는 업체는 시·도 교육청별로 다르므로 MS 365 가입센터를 확인하고 싶다면 아래 QR코드로 참조하기 바랍니다.

 담당 업체를 통해 문의하여 활용 가능

이와 관련하여 더 자세한 사항은 꼭 교육청의 해당 공문을 확인해 보기 바랍니다.

학교에서 사용하는 MS 365 라이선스의 서비스들

교육청이 일반적으로 사용하는 MS 365 라이선스는 A1 또는 A3 라이선스입니다. 더 풍부한 서비스의 활용을 위해 대부분의 교육청이 현재 A3 라이선스를 계약하여 사용 중입니다. MS 365 A3 라이선스는 매우 다양한 서비스를 제공하고 있는데, 학교에서 체감할 수 있는 서비스들을 정리해 보면 다음과 같습니다.

❶ **OneDrive 1TB 제공**: 1유저(user)당 기본적으로 1TB(테라바이트)의 클라우드 스토리지를 제공합니다. (기관별 설정에 따라 달라질 수 있음.)

❷ **최신 버전의 Microsoft Office 프로그램 설치**: 5대까지의 PC에 최신 버전의 Microsoft Office 프로그램을 설치할 수 있습니다.

❸ **웹 오피스**: 설치형뿐만 아니라 웹상에서 Outlook, Word, Excel, PowerPoint, Forms, Sway 등의 다양한 웹 오피스를 사용하고 협업할 수 있습니다.

❹ **Microsoft Teams**: 학교에서 활용이 가능한 LMS(학습관리시스템)이자 화상회의 서비스인 Teams를 활용할 수 있습니다.

❺ **Copilot 사용**: Microsoft의 생성형 AI인 Copilot을 사용할 수 있습니다. 보안이 강화된 것이 특징입니다.

❻ **Minecraft Edu 무제한 사용**: Minecraft 교육용 버전을 횟수 제한 없이 수업에 활용할 수 있습니다.

❼ **Intune 사용**: 학교의 각종 기자재를 관리하는 MDM(Mobile Device Management) 역할의 서비스입니다.

❽ **Power Platform 사용**: Power Apps, Power Automate, Power BI와 같은 파워 플랫폼을 사용할 수 있습니다.

❾ **Learning Accelerator 사용**: Reading Coach, Speaking Coach, Reflect, Insights와 같은 서비스를 사용할 수 있습니다.

❿ **기타 서비스**: 영상 편집 프로그램인 Clipchamp, 예약 서비스 Bookings, 협업 도구 Loop 등을 사용할 수 있습니다.

Lesson 03

MS 365 서비스 제품 소개

학교에서 활용할 수 있는 MS 365 서비스 제품들을 간략히 소개하겠습니다. 이 중에 중요한 서비스들은 각 챕터에서 더욱 자세히 다루겠습니다.

OneDrive

OneDrive는 마이크로소프트에서 제공하는 클라우드 기반 저장소 서비스입니다. 사용자가 사진, 문서, 동영상, 프레젠테이션 파일 등 다양한 데이터를 안전하게 저장하고, 언제 어디서나 접근할 수 있도록 지원합니다. 구글(Google)에 Google Drive 서비스가 있는 것처럼, 마이크로소프트 생태계에서는 OneDrive가 그 역할을 수행합니다.

앞서 언급한 것처럼 MS 365 A3 라이선스를 사용할 때 기관별 설정에 따라 달라질 수는 있지만, 기본적으로 1유저(user)당 1TB(테라바이트)의 대용량 클라우드 스토리지가 제공됩니다. 이는 교사와 학생이 다양한 학습자료를 저장하고 공유할 때 매우 유용한 기능이며, 별도의 외장 저장 장치 없이도 안정적으로 데이터를 관리할 수 있도록 도와줍니다.

OneDrive는 웹 브라우저를 통해 접속하여 사용하는 것도 가능하며, Microsoft 계정만 있으면 인터넷 환경 어디서든 접근할 수 있습니다. 아래 사진에서 보이는 것처럼 PC에 별도로 설치하여 로컬 폴더처럼 사용할 수 있는 데스크톱용 앱도 제공하고 있습니다. 이 앱은 파일 탐색기와 완전히 통합되어 있어, 사용자는 별도의 브라우저를 열지 않고도 자신의 파일을 드래그 앤 드롭(Drag and drop) 방식으로 쉽게 업로드하거나 수정할 수 있습니다.

▲ 인터넷 웹상의 OneDrive와
　로컬 PC에 설치된 앱 버전의 OneDrive 화면

대부분의 최신 윈도우 운영체제(특히 Windows 11)에는 OneDrive 앱이 기본적으로 설치되어 있으며, 시작 메뉴나 작업 표시줄에서 쉽게 찾을 수 있습니다. 만약 PC에 OneDrive가 설치되어 있지 않거나 삭제된 경우에도 Microsoft 공식 웹사이트에서 간단히 다운로드하여 설치할 수 있습니다. 이처럼 OneDrive는 클라우드 저장소를 넘어, 다양한 디바이스 간의 파일 동기화, 공동작업 문서 관리, 자동 백업 등의 기능을 제공하여 교육 현장에서 매우 강력한 도구로 활용할 수 있습니다.

OneDrive를 잘 활용하면 남아 있는 업무를 처리하기 위해 무거운 노트북을 번거롭게 들고 퇴근할 필요가 없습니다. 학교에서 작업하던 파일을 OneDrive 폴더에 저장해두기만 하면 자동으로 클라우드에 동기화되므로, 집에서도 동일한 계정으로 로그인된 PC나 노트북에서 언제든지 동일한 파일에 접근할 수 있습니다. 예를 들어, 학교에서 PowerPoint로 수업 자료를 제작하다가 시간이 부족해 마무리를 못 했더라도 걱정할 필요가 없습니다. 퇴근 후 집에서 다시 PowerPoint를 열면 OneDrive에 저장된 동일한 파일을 그대로 열고, 이어서 작업을 진행할 수 있습니다. 저장도 자동으로 이루어지기 때문에 USB에 저장하거나 이메일로 파일을 보내는 번거로운 절차 없이 작업의 연속성이 유지됩니다.

또한 OneDrive는 단순한 개인 저장소를 넘어 다양한 클라우드 기반 협업 기능을 제공하므로, 학교에서는 과제물 수합, 학급 또는 부서 간의 폴더 공유, 수업 영상이나 촬영 자료의 공유 등 여러 업무에서 매우 유용하게 활용할 수 있습니다. 공유 링크를 통해 학생이나 동료 교사에게 접근 권한을 설정해 줄 수 있고, 편집이나 보기 권한을 구분하여 안전하게 자료를 관리할 수 있는 것도 큰 장점입니다.

최신 버전의 Microsoft Office 프로그램 설치 및 활용

교사들 대부분은 과거 CD나 USB를 이용해 설치하던 방식의 Office 프로그램에 익숙한 경우가 많습니다. 그래서 최신 오피스의 기능이나 사용성을 잘 알지 못한 채, 예전의 경험에 머물러 있기도 합니다. 하지만 MS 365 웹사이트를 통해 오피스 프로그램을 다운로드하여 직접 사용해 본다면, 과거와는 비교할 수 없을 정도로 방대하고도 직관적인 기능들에 놀라게 될 것입니다. 특히 최신의 MS Office는 정기적으로 기능이 업데이트되기 때문에, 별도의 추가 비용 없이도 새로운 기능을 지속적으로 경험할 수 있습니다. 텍스트 자동 요약, 디자이너 추천, 음성 받아쓰기, 공동 편집 기능 등은 단순한 문서 작성 도구를 넘어 업무와 수업의 생산성을 비약적으로 높여줍니다.

무엇보다도 클라우드 서비스와의 긴밀한 연동 덕분에 장소에 구애받지 않고 언제 어디서든 문서 작업을 이어갈 수 있다는 것은 큰 장점입니다. 예를 들어, 학교에서 작성하던 문서를 집에서 그대로 이어서 작업하거나, 다양한 기기에서 동일한 파일에 접근하는 것도 어렵지 않습니다. MS 365 A3

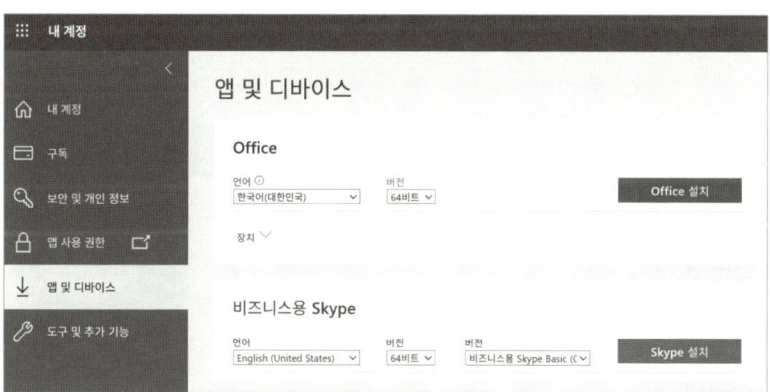

▲ Office 프로그램의 다운로드 설치 사이트 화면

라이선스는 이러한 설치형 오피스의 사용을 지원하며, 사용자는 자신의 Microsoft 계정만 있으면 학교, 집, 또는 개인 장비 어디에서든 자유롭게 오피스를 설치하고 사용할 수 있습니다. 이처럼 최신 오피스는 과거와는 완전히 다른 차원의 사용자 경험을 제공하며, 교육 현장에서도 매우 강력한 도구로 활용될 수 있습니다.

☞ 최신 Office 프로그램을 다운받고 설치하는 방법이 궁금하다면

https://sway.cloud.microsoft/vcDmkIaWvYxYfxh7?ref=Link
(MS 365 최신 버전 오피스 설치 참고)

최신 오피스 프로그램을 사용할 때의 장점을 PowerPoint의 간단한 예시로 다음 화면에서 볼 수 있습니다. 왼쪽 화면은 생동감 넘치는 수업자료를 만들 수 있는 3D 모델 삽입 기능, 오른쪽 화면은 프레젠테이션 안에 카메라를 넣을 수 있는 기능 예시를 보여줍니다. 수업자료와 카메라를 동시에 한 화면에서 사용한다면 설명을 더욱더 잘할 수 있도록 도와줄 것입니다. 이 외에도 Excel에서는 함수를 몰라도 기본적인 기능을 쉽게 사용할 수

▲ 최신 Office를 사용할 때의 기능상 장점 예시(PowerPoint 예시)

있도록 도와주고, 데이터 분석이나 그래프 작성에도 도움을 받을 수 있습니다. 최신 오피스는 이전보다 더욱 편리하고 기능도 풍부합니다.

☞ **최신 Office 프로그램의 장점을 더 알고 싶다면**

https://sway.cloud.microsoft/gOBOGZBAv4p44GNE?ref=Link
(Microsoft 365 A3 Plan #2-2. 최신 버전의 MS Office 프로그램 설치 및 활용 참고)

Web Office

타사 웹 형태의 문서 작업 툴을 사용해 본 교사들 중에는, MS 365는 설치된 오피스 프로그램만 사용할 수 있고 웹에서는 사용이 불가능하다고 오해하는 경우가 종종 있습니다. 그러나 실제로는 MS 365 역시 웹 기반으로 매우 편리하게 오피스 프로그램들을 활용할 수 있습니다.

웹에서 제공되는 Word, PowerPoint, Excel, OneNote 등은 설치형 프로그램 못지않게 다양한 기능을 제공하며, 기본적인 문서 작성, 편집, 공유, 공동작업 등 대부분의 작업을 무리 없이 수행할 수 있습니다. 특히 학교 현장에서는 별도로 프로그램을 설치하지 않아도 브라우저만 있으면 언제든지 오피스 프로그램에 접속할 수 있기 때문에, 환경에 구애받지 않고 수업이나 업무를 이어갈 수 있다는 것이 매우 큰 장점이 됩니다.

다음 화면에서 보는 것처럼 MS 365 웹 포털에는 다양한 서비스가 아이콘 형태로 배열되어 있으며, 여기에는 Word, Excel, PowerPoint 외에도 Teams, Forms, Sway, OneDrive 등 여러 교육 및 협업 도구가 포함되어 있습니다. 그리고 화면 왼쪽의 [앱]-[모든 앱] 메뉴를 클릭하면 여기에

◀ 웹 오피스 서비스의 종류

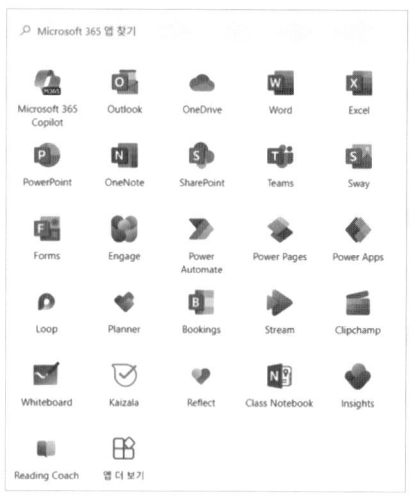

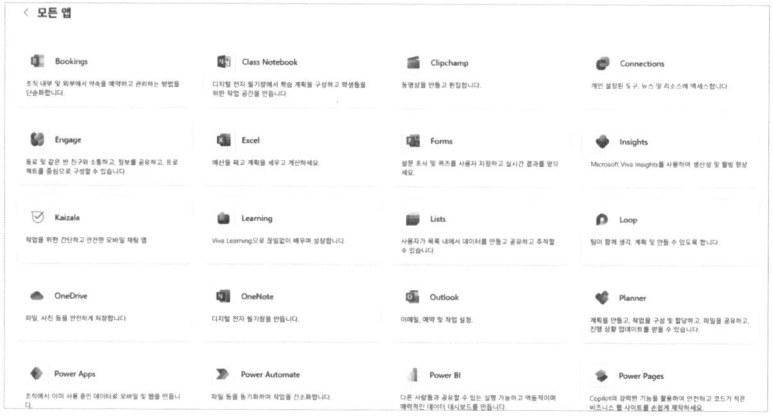

보이지 않는 더 많은 앱들도 확인할 수 있습니다. 각 앱에 대한 간략한 기능 설명도 함께 제공되기 때문에, Web Office에 익숙하지 않은 교사들도 어렵지 않게 활용 방향을 파악할 수 있습니다.

또한 수업 중 크롬북과 같은 윈도우 기반이 아닌 디바이스를 사용하더라도, 웹에서 Microsoft Office(https://office.com)에 접속해 다양한 수업 활동을 진행할 수 있습니다. 예를 들어, 조별 프로젝트에서 발표자료를 만들 때, PowerPoint를 웹에서 공동으로 열어 조원들과 실시간으로 편집하고 의견을 주고받으며 하나의 프레젠테이션을 함께 완성하는 활동이 가능합니다. 이처럼 MS 365는 설치형 프로그램이 없어도 웹만으로도 충분히 수업 및 업무에서 높은 활용도를 자랑하는 플랫폼입니다.

Teams

Teams는 챕터 5에서 더욱 자세히 다루겠지만, 현재 학교 현장에서 활용할 수 있는 가장 강력한 LMS(Learning Management System) 중 하나라고 말할 수 있습니다. 단순한 온라인 협업 도구를 넘어, 수업 운영과 학습 관리에 최적화된 다양한 기능을 갖추고 있어 교사와 학생 모두에게 탁월한 교육 경험을 제공합니다.

교사는 Teams를 통해 공지사항을 손쉽게 전달하고, 과제를 할당하거나 수합할 수 있으며, 피드백 제공과 채점까지도 간편하게 처리할 수 있습니다. 또한 학생들의 감정 상태를 파악하고 정서적 케어를 돕는 Reflect 기능, 교사의 루브릭 작성을 지원하는 AI 도우미, 그리고 개별 학생의 읽기 능력, 독해력, 수학 학습을 향상시킬 수 있도록 설계된 학습 도구들도 함께 제공됩니다. 더 나아가 Teams는 학습 데이터 분석 기능(Insights)도 갖추고 있어, 학생 개개인의 성적 추세나 감정 변화의 패턴을 시각적으로 파악할 수 있게 도와줍니다. 이를 통해 교사는 학생에 대한 보다 깊이 있는 이해를 바탕으로 개별 맞춤형 지도를 할 수 있으며, 교육적 개입의 시점을 놓치지 않게 됩니다.

또한 Teams는 최고 수준의 안정성과 품질을 자랑하는 화상회의 기능을 제공합니다. 이를 통해 원격 수업은 물론 학부모 상담, 교사 회의, 외부 전문가와의 온라인 특강 등 다양한 방식의 실시간 소통이 원활하게 이루어집니다. 이처럼 Microsoft Teams는 단순한 협업 도구를 넘어, 진정한 의

미의 디지털 학습 플랫폼으로서 학교 교육의 새로운 가능성을 열어주고 있습니다.

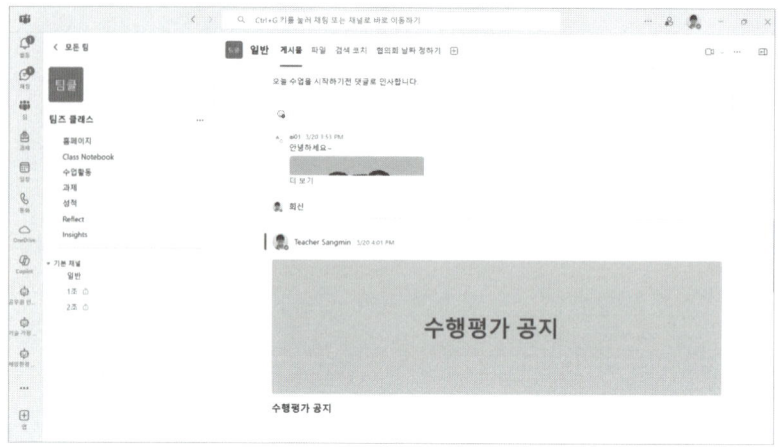

▲ 수업용 Teams의 예시

☞ **Teams의 개요에 대해 자세히 알고 싶다면**

https://sway.cloud.microsoft/b4GiQ4Ir2K7zSo59?ref=Link
(Microsoft 365 A3 Plan #3-4. Teams의 활용 참고)

Copilot Chat

Copilot은 마이크로소프트가 제공하는 생성형 AI로, MS 365 전반에 걸쳐 다양한 형태로 통합되어 활용되고 있는 지능형 도구입니다. 특히 채팅형 인터페이스를 기반으로 하는 Copilot Chat은 사용자의 생산성과 창의성을 극대화하는 핵심 기능 중 하나입니다. 이를 제대로 활용하기 위해서는 일반적으로 유료 라이선스가 필요하지만, A3 라이선스를 사용하는 경우에는 별도의 비용 없이 이 기능을 이용할 수 있습니다.

Copilot은 Open AI의 GPT 모델을 기반으로 개발되었으며, 다양한 MS 365 앱에 깊이 통합되어 있어 문서 작성, 요약, 콘텐츠 생성, 데이터 분석 등 다양한 작업을 지능적으로 지원합니다. 예를 들어, Copilot Chat을 활용하면 교육청에서 발송된 복잡한 공문의 첨부파일을 업로드하고, 그 내용을 요약해 받아볼 수 있습니다. 또한 학교 행사나 안내자료에 필요한 이미지를 생성해 포스터를 제작하거나, 교과서 PDF 파일을 근거로 문제를 생성하는 등 업무도 간편하게 처리할 수 있습니다.

그뿐만 아니라 Copilot에는 AI 에이전트 기능도 내장되어 있어, 학교 맞춤형 챗봇을 생성하여 다양한 상황에 활용할 수 있습니다. 예를 들어, 우리 학교 교과서를 기반으로 한 수업 Q&A 챗봇, 교육 공무원 인사 관련 정보

▲ Copilot Chat의 화면

☞ Copilot에 대해 자세히 알고 싶다면

https://sway.cloud.microsoft/gHIuPIE8S9zb5XvR?ref=Link
(Copilot #1 참고)

를 안내하는 전용 챗봇 등을 제작하여 교직원의 업무 효율을 높이고 학생의 학습 접근성을 개선할 수 있습니다.

이처럼 Copilot은 단순한 AI 도우미를 넘어, 교육 현장에서의 창의적 활용과 업무 혁신을 동시에 가능하게 해주는 파트너라고 할 수 있습니다.

Minecraft Education

전 세계 학생들의 사랑을 받는 게임인 Minecraft, 이 Minecraft는 마이크로소프트의 서비스이기도 합니다. 그중 수업에 활용할 수 있는 Minecraft Edu 버전을 접속 제한 없이 사용할 수 있습니다. Minecraft Edu 버전을 잘 활용하면 교사가 의도한 다양한 수업 활동을 즐겁게 진행할 수 있습니다.

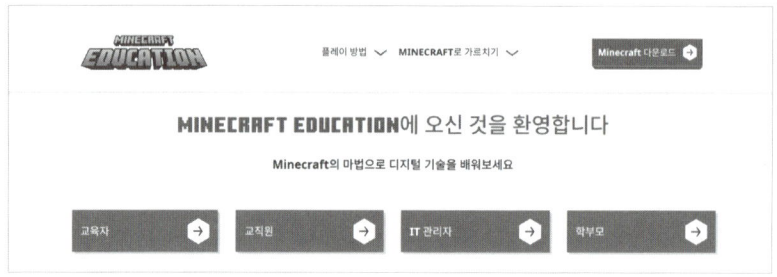

▲ Minecraft Education 공식 사이트의 화면

☞ Minecraft의 뉴스레터가 궁금하다면

https://education.minecraft.net/ko-kr

Intune

Microsoft Intune은 학교나 기관에서 사용하는 컴퓨터, 태블릿, 스마트폰 등 다양한 디지털 기기를 안전하고 효율적으로 관리할 수 있도록 지원하는 클라우드 기반의 디바이스 관리 서비스입니다. 교사나 관리자는 Intune을 통해 학생이나 교직원의 기기를 원격으로 설정하고, 필요한 앱을 자동으로 배포하거나 보안 정책을 적용할 수 있어, 일일이 기기를 수동으로 설정하는 번거로움을 줄일 수 있습니다. 윈도우 기반 노트북은 물론 iPad나 안드로이드 태블릿까지 다양한 운영체제를 지원하기 때문에, 여러 플랫폼이 혼재된 환경에서도 일관된 관리를 실현할 수 있습니다.

특히 학교 현장에서는 Intune을 활용해 교실 내 디지털 기기를 체계적으로 통제하고, 수업에 필요한 앱을 일괄적으로 배포하거나 특정 웹사이트 차단과 같은 보안 설정을 손쉽게 적용할 수 있습니다. 이를 통해 수업 집중도를 높이고 기기 오남용을 방지하는 데 큰 도움이 됩니다.

Intune은 흔히 MDM(Mobile Device Management) 역할을 수행하는 솔루션으로, 교육기관에 최적화된 기기 관리 기능을 제공합니다. 이처럼 Microsoft Intune은 디지털 교육 환경을 보다 안전하고 안정적으로 구축하는 데 핵심적인 역할을 하는 도구입니다.

☞ MS Intune 공식 사이트

https://learn.microsoft.com/ko-kr/intune/intune-service/fundamentals/what-is-intune

Power Platform

Microsoft Power Platform은 학교 현장에서 교사와 학생 그리고 행정 업무에 모두 활용할 수 있는 업무 자동화·데이터 분석·앱 개발 플랫폼입니다. 파워 플랫폼은 다양한 서비스가 존재하는데, 구성 요소별로 나누어 보자면 다음과 같이 분류해 볼 수 있습니다.

구성 요소	아이콘	설명	학교 활용 예시
Power Apps	PowerApps	노코드(No-code) 또는 로우코드(Low-code)로 앱을 만드는 도구	학교 출결 앱, 상담 기록 앱, 급식 알림 앱, 학급 내 필요한 앱 등
Power Automate	Power Automate	워크플로 자동화 도구	상담 신청 시 자동 알림, 보고서 자동 전송 등
Power BI	Power BI	시각적 데이터 분석 도구	설문조사 결과 시각화, 성적 분석
Copilot Studio	Copilot Studio	챗봇 만들기 도구	교내 Q&A 챗봇, 가정통신문 문의 응대 챗봇
Power Pages	Power Pages	로우코드(Low-code) 기반의 웹사이트 제작 플랫폼	교외 행사 안내 페이지, 교내 프로젝트 공유 사이트, 상담 신청 외부 페이지, 학교 홍보용 사이트 등

*No-code: 코딩 없이 앱이나 자동화 등을 만드는 방식
*Low-code: 간단한 코딩을 사용하는 방식. 필요할 때만 약간의 스크립트나 수식 작성

☞ MS Power Platform 공식 사이트

https://learn.microsoft.com/ko-kr/power-platform/

Learning Accelerator(MS 365 통합 앱 버전)

Learning Accelerator는 기본적으로 Teams 내에 내장된 기능이지만, 그중 일부인 Reading Coach와 Reflect는 MS 365 환경에서 별도의 독립된 앱으로도 활용할 수 있습니다.

Reading Coach는 AI 기반으로 학습자의 수준에 맞게 개인화된 읽기 유창성 연습을 제공하는 도구로서, 발음, 억양, 속도 등을 분석하여 피드백을 제시해 줍니다. 이를 통해 학생들은 반복적인 연습을 통해 자연스럽게 읽기 능력을 향상할 수 있습니다.

Reflect는 학습자의 정서적 상태를 기록하고 분석할 수 있도록 돕는 웰빙 앱으로서, 학생들의 감정 데이터를 시각화하여 교사가 정서적 지원이 필

 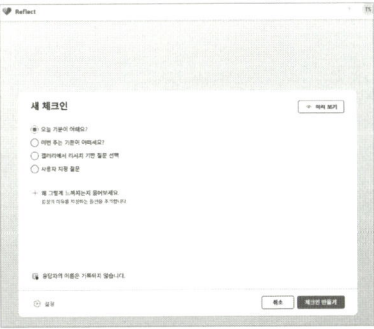

▲ Reading Coach와 Reflect 화면

요한 시점을 파악하고 대응할 수 있게 합니다.

이 두 도구는 단순한 기능을 넘어, 학습자의 전인적 성장을 지원하는 데 중요한 역할을 하며, MS 365의 교육 생태계에서 점점 더 중요한 위치를 차지하고 있습니다.

그 밖의 앱들 소개

사실 이제부터 소개하는 앱들은 그 밖의 앱이라고만 소개하기에는 각각의 기능이 너무 좋고 강력한 툴입니다. 이 앱들은 수업이나 업무에 활용하면 매우 유용합니다.

Clipchamp
Clipchamp는 쉽고 간편하게 웹상에서 비디오 편집을 할 수 있도록 도와주는 MS 365 내의 비디오 편집 앱입니다. 수업 시간에 학생들과 영상 편집 수업을 쉽게 할 수 있습니다.

Loop
Loop는 팀 협업이나 프로젝트 수업, 동료 교사 간의 협업 등에 매우 편리한 툴입니다. Notion과 매우 유사한 UI를 가지고 있습니다.

Bookings
Bookings는 일정 예약 및 관리 도구로서 학교 내에서 약속을 효율적으로 관리할 수 있도록 도와줍니다. 일정 예약이나 특별실 예약, 기자재 수리 신청 등에 효과적으로 활용할 수 있습니다.

지금까지 MS 365의 다양한 서비스들을 간략히 소개했습니다. 다음 챕터부터는 각 서비스를 하나씩 깊이 있게 알아보겠습니다.

Chapter 2

학교 데이터를 효과적으로 관리하는 클라우드, OneDrive

Lesson 01

OneDrive의 필요성

학교에서는 학년별 또는 업무 부서별로 교무실이 분리되어 있으며, 이 교무실들은 학생 관리를 위해 학교 건물의 여러 층에 산발적으로 배치된 경우가 많습니다. 이러한 구조 속에서 문서나 자료를 주고받는 과정은 번거롭고 비효율적일 수밖에 없습니다. 학년 업무나 부서별 협업을 진행할 때는 주로 학교 내 메신저를 활용하게 되는데, 이에 따라 하루에도 수십 건 이상의 문서가 오가고, 그 결과 교사들의 컴퓨터에는 각종 파일이 무분별하게 쌓입니다.

여기에 수업 준비를 위한 교과 자료, 학급 운영에 필요한 문서까지 더해지면, 1년 동안 컴퓨터에 저장되는 자료의 양은 감당하기 어려울 정도로 많아집니다. 이렇게 누적된 파일들이 정리되지 않은 채 수년간 쌓이다 보면, 컴퓨터 용량이 부족해지는 것은 물론이고 다른 학교로 이동하게 되거나 교내 PC(노트북 등)를 교체할 경우 자료를 옮기기도 쉽지 않은 상황이 발생합니다.

이처럼 방대한 자료를 체계적으로 관리하고, 언제 어디서든 안전하게 접근할 수 있는 디지털 도구가 절실하게 필요하다는 생각이 들었습니다. 그리고 그 해결책으로 찾은 것이 바로 Microsoft OneDrive입니다.

Lesson 02

OneDrive로 할 수 있는 일들과 사용 방법

OneDrive로 할 수 있는 일들

❶ **파일 접근성 향상**: 클라우드 서비스를 이용하여 사용 공간을 제공받고, 클라우드에서 인터넷만 연결되어 있으면 언제 어디서나 자료에 접근할 수 있습니다.

❷ **공간 확보**: 교사들의 클라우드에 학교자료를 저장하고, 저장 위치를 변경할 수도 있어 컴퓨터 내 공간을 확보할 수 있습니다.

❸ **OCR 검색 기능**: 문서명 외에도 문서 내의 단어까지 검색할 수 있는 인덱싱을 제공하여, 자료를 찾는 것이 더욱 수월합니다.

❹ **MS 365 협업 도움**: OneDrive에 파일을 저장함으로써 MS 365 도구들의 실시간 편집과 버전 관리가 가능합니다.

❺ **공유 폴더**: OneDrive 링크를 통해 파일 및 폴더를 공유할 수 있으며, 보안 설정 등으로 파일 접근성을 관리할 수 있습니다.

❻ **자료 수합**: OneDrive에서 제공하는 기능을 활용하여 학생이나 학부모로부터 자료를 쉽게 받아 볼 수 있습니다.

이처럼 간단한 기능을 통해 OneDrive라는 하나의 툴만으로도 학교 업무를 조금 더 쉽고 간편하게 할 수 있습니다.

OneDrive 사용 방법

Excel이나 PowerPoint는 수업이나 업무에서 매일 사용하는 문서 작성 및 편집 도구입니다. OneDrive는 이러한 도구들을 효과적으로 사용하기 위해 필요한, 안전한 파일 저장 및 공유를 제공하는 클라우드 저장소입니다.

대부분의 Windows 운영체제에서는 OneDrive가 기본적으로 설치되어 있지만, 활용하는 경우는 많지 않습니다. 그러나 MS 계정이 활성화되어

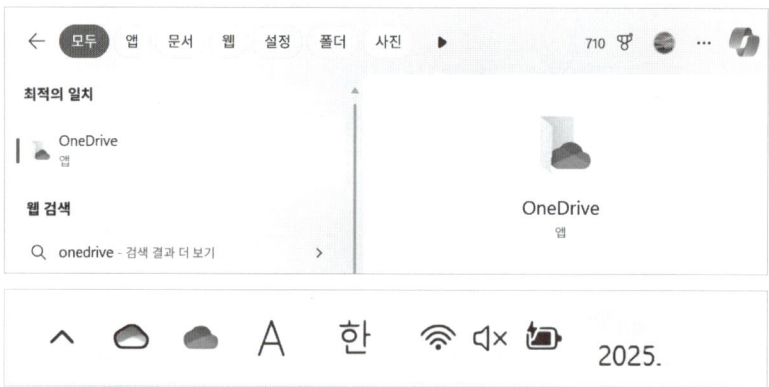

▲ 내 PC에서 OneDrive 앱이 있는지 찾아보기

☞ OneDrive를 체계적으로 사용할 수 있는 자세한 방법이 궁금하다면

https://sway.cloud.microsoft/vgwC9BwNo7cmpCsG?ref=Link
(Microsoft OneDrive #1 참고)

있다면, 특별히 비활성화하거나 삭제하지 않는 이상 OneDrive는 언제든지 Office 플랫폼과 함께 사용할 수 있습니다.

MS Office는 2016, 2021과 같이 설치형 버전과 구독을 통해 최신형으로 사용할 수 있는 MS 365 버전이 있는데, OneDrive의 경우 MS 365와 함께 사용할 때 가장 강력한 기능들을 제공합니다.

내 컴퓨터에 OneDrive가 실행되고 있는지 확인하고 싶다면 화면 오른쪽 하단 작업 표시줄에 있는 하얀색 또는 파란색 구름 모양 아이콘이 있는지를 살펴보면 됩니다. 또는 작업 표시줄 검색창에서 OneDrive를 검색해도 됩니다.

Lesson 03

OneDrive를
학교에서 활용하는 방법

클라우드 저장소로서의 OneDrive

OneDrive는 학교에서 교사들에게 가장 실용적이고 개인적인 용도로 잘 사용할 수 있는 클라우드 저장소가 될 수 있습니다. OneDrive를 사용하면 USB나 외장 SSD 같은 물리적 저장 장치가 필요하지 않습니다. 인터넷만 연결되어 있으면 학교와 집 어디에서든 로그인하여 자료를 보고 수정할 수 있어서 업무의 효율성과 연속성이 높아집니다.

OneDrive의 클라우드 접근성을 활용할 수 있는 예시들을 들어보겠습니다.

예시 1

다 완성하지 못한 수업 자료를 외장 메모리에 넣어 집으로 가져갔습니다. 그런데 정작 출근할 때 외장 메모리를 집에 두고 오는 바람에 하루 종일 필요한 자료에 접근하지 못하는 상황이 생길 수 있습니다.

이런 경우 다시 업무용 컴퓨터에서 재작업을 하게 되고, 파일의 버전이 여러 개가 생기는 곤란한 상황에 직면할 수도 있습니다. 파일 접근성을 보완하여 하나의 파일에서 작업할 수 있도록 함으로써 버전이 여러 개가 생기는 것을 방지할 수 있도록 도움을 주는 것이 바로 OneDrive입니다.

업무용 데스크톱이나 노트북, 집에서 사용하는 개인용 PC, 그리고 모바일 앱으로 OneDrive를 설치하고 Microsoft 학교 계정(개인 계정도 사용 가능)으로 로그인을 해두기만 하면 언제 어디서든 이전에 작업하던 자료에 접근하여 보기 및 편집이 가능합니다.

예시 2

다른 방식으로 OneDrive를 이용하여 파일 접근성을 높일 수도 있습니다. 학교에서 사용하는 학교 메신저 또는 교육청 메신저의 첨부파일 저장 경로를 OneDrive에 있는 폴더로 지정해 두는 것입니다. 그러면 다운로드한 파일을 학교 업무용 PC뿐만 아니라 OneDrive가 설치된 모든 기기에서 해당 문서에 액세스할 수 있습니다.

컴퓨터 공간 확보

OneDrive에 저장된 문서는 클라우드 또는 로컬(노트북 또는 데스크톱)에 저장됩니다. 이때 로컬 장치의 저장소가 부족한 경우에 OneDrive의 도움을 받을 수 있습니다.

OneDrive에서 수정하고자 하는 파일을 더블 클릭하면 해당 파일을 로컬에 다운로드하게 됩니다. 로컬에 다운로드된 파일은 디바이스가 인터넷에 연결되어 있지 않아도 편집을 할 수 있습니다. 또한 작성이 완료된 후 추후에 디바이스가 온라인에 연결되면 스스로 동기화를 시작하여 해당 파일의 버전을 업데이트해 줍니다. 이렇게 파일들이 점점 로컬에 쌓이면 해당 파일들이 컴퓨터의 용량을 차지하게 됩니다.

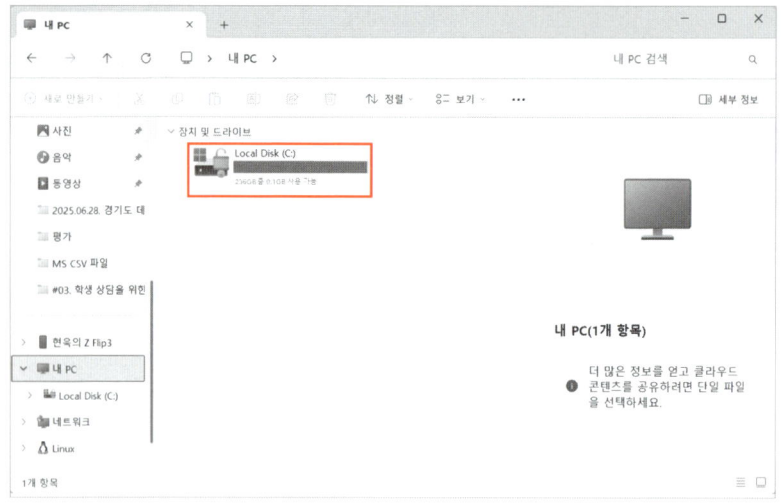

▲ 업무용 PC 또는 개인용 PC의 용량이 부족한 경우

이때 필요한 자료를 선별하고 외장 하드에 백업하여 포맷을 하는 것은 매우 번거로운 일입니다. 이러한 번거로움을 해결해 주는 것이 OneDrive의 '공간 확보' 기능입니다. 공간 확보를 하게 되면 클라우드에 저장된 파일들 중 편집을 위해서 내 컴퓨터(로컬)에 저장된 파일들을 다시 클라우드 상으로 업로드하고 내 PC에서 차지하는 공간을 줄여줍니다. 따라서 클라우드에 저장된 파일은 내 컴퓨터에 파일 이름과 아이콘만 표시되며, 실제 내용은 클라우드에 보관됩니다. 이에 따라 로컬 저장 공간을 절약할 수 있어 컴퓨터를 보다 쾌적하게 사용할 수 있습니다. 이 기능을 활용하면 용량이 큰 파일에 대해 [이 장치에 유지]할지, [공간 확보]를 할지 선택할 수 있습니다. 이를 통해 오프라인 편집 여부를 설정하고, 온라인 전용으로 관리할 수도 있습니다.

그리고 앞서 '클라우드 저장소로서의 OneDrive'에서 언급한 예시대로 학교 메신저나 교육청 메신저의 첨부파일 저장 경로를 OneDrive로 해두면

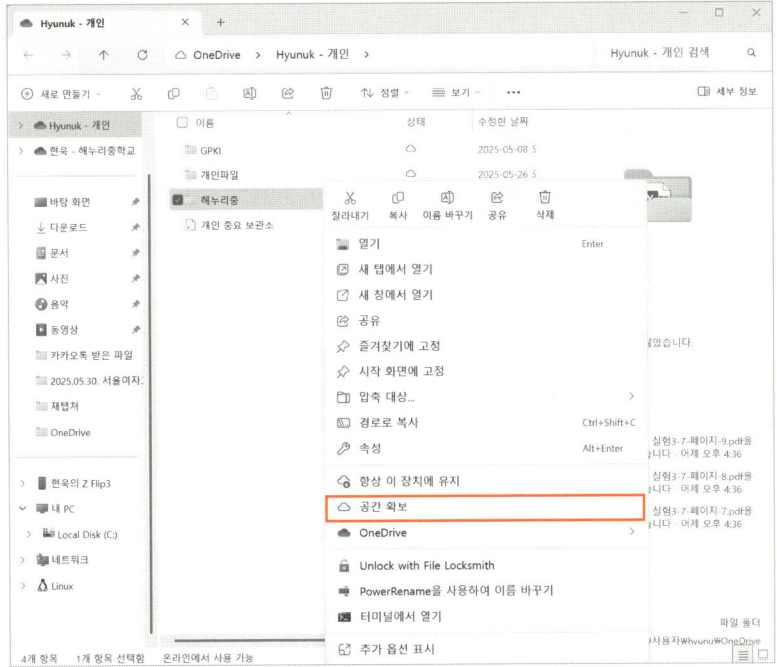

▲ OneDrive 공간 확보를 통해 저장 공간 확보하기

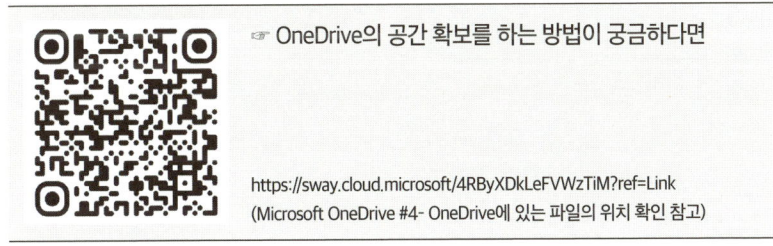

학교를 옮기거나 PC 교체를 할 때 필요한 문서들을 따로 백업하지 않아도 된다는 장점이 있습니다. 그리고 OneDrive에 저장하기 때문에 업무용 PC의 저장 공간을 최대한 확보할 수 있다는 또 다른 장점이 있습니다. 만약 첨부파일을 많이 열게 되어 로컬에 저장된 파일이 쌓이면 다시 한번 [공간 확보]를 해서 내 PC의 저장 공간을 확보할 수 있습니다.

파일 탐색기

학교에서 업무를 처리하다 보면 교내 다양한 프로그램과 같은 이벤트가 있고, 프로그램 안내는 첨부파일을 동반한 메시지로 많이 오고 갑니다. 매일매일 쌓여가는 자료를 체계적으로 폴더를 만들어 정리해 두었어도 막상 사용하고자 할 때는 언뜻 기억만 나는 파일을 바로 찾는 것이 어려울 수 있습니다. 이럴 때 유용한 것이 OneDrive의 검색 기능입니다. 웹 버전에서 지원하는 기능으로 PDF, Word, Excel 등 문서 내부에 있는 단어와 JPEG, PNG와 같은 이미지 파일에 있는 단어까지 OCR과 인덱싱으로 검색이 되기 때문에, 필요한 자료의 제목뿐만 아니라 내용으로도 원하는 자료를 찾을 수 있어서 매우 편리합니다.

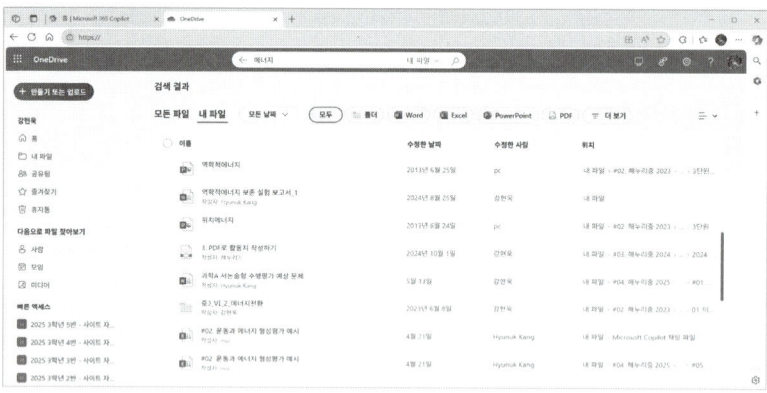

▲ 웹 OneDrive 검색 기능

☞ OneDrive의 파일 검색 방법이 궁금하다면

https://sway.cloud.microsoft/jD2rDJrscMsvPlQV?ref=Link
(Microsoft OneDrive #2 참고)

또한 교사들은 나름의 폴더 정리 방식이 있을 것입니다. OneDrive의 경우 사용자 인터페이스(UI)가 윈도우 탐색기와 동일하므로 학교에서 사용하던 폴더 정리 방식을 그대로 가지고 올 수 있어 사용감이 좋고 익숙하다는 장점도 있습니다. 이렇듯 OneDrive를 통해 교사들은 수업자료를 일관성 있게 관리할 수 있으며, 익숙한 폴더 구조로 체계화하고, 검색 기능으로 원하는 자료를 쉽게 찾으며, 오프라인 동기화로 언제 어디서든 자료를 활용하면서 수업 준비나 업무 준비 과정의 효율을 높일 수 있습니다.

MS 365 협업을 위한 베이스

OneDrive는 MS 365의 통합된 환경에서 협업을 극대화할 수 있도록 도와주는 베이스 역할을 하기도 합니다. OneDrive를 활용하면 학교에서 다른 MS 365 서비스를 사용하는 데 어떤 도움이 되는지 세 가지를 살펴보겠습니다.

❶ 클라우드 기반 협업을 할 수 있습니다.

학교에서 처리되는 업무는 여러 부서의 협업이 필요한 경우가 종종 있습니다. 예를 들어, 연수 이수 여부 조사, 학급별로 필요한 준비물 조사 등 데이터를 수합해야 하는 경우가 있습니다. 이때 OneDrive에 PowerPoint, Excel 등을 저장하면 다른 교사에게 해당 문서를 링크로 공유할 수 있어서 협업이 가능해집니다. 즉, 학교 내 메신저나 교육청 메신저를 통한 파일 전송 과정에서 발생할 수 있는 중복 파일 생성 문제를 해결할 수 있습니다. 따라서 협업을 해야 하는 경우 OneDrive에 파일을 저장한 후 공유하여 함께 작업을 하면 더욱 효율적으로 학교 업무를 진행할 수 있습니다.

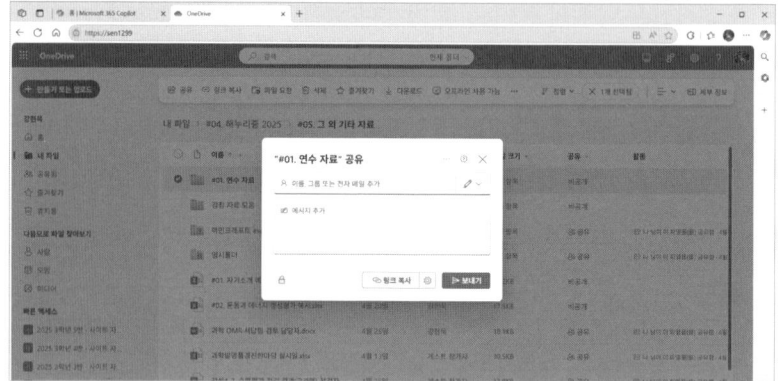

▲ OneDrive 폴더 공유

☞ OneDrive의 폴더 및 파일 공유 방법이 궁금하다면

https://sway.cloud.microsoft/20iBxsZQtJWoH5Vo?ref=Link
(Microsoft OneDrive #3- One Drive 폴더 공유 참고)

❷ 버전 기록 및 복원이 가능합니다.

함께 작업을 하는 도중에 누군가가 파일에 있는 내용을 잘못해서 삭제하는 일이 일어날 수도 있습니다. A3 라이선스가 부여된 MS 계정에 제공되는 OneDrive의 고급 기능인 버전 기록은 파일의 변동 내역을 저장하여, 오류가 발생하거나 실수로 파일 속 내용을 삭제했을 때 과거의 특정 시점으로 쉽게 되돌릴 수 있도록 지원해 줍니다. 학교에서 업무용 노트북을 변경하는 과정에서 실수로 파일을 삭제했을 때, OneDrive의 휴지통 및 복원 기능을 통해 필요한 파일을 안전하게 복구할 수 있습니다. 이러한 기능들은 데이터 무결성을 보장하며, 학교 업무를 처리하다가 데이터 소실이 일어나는 것을 막아줍니다. 따라서 버전 기록이 중요하거나, 삭제되는 것이 걱정되는 파일은 OneDrive에 저장하여 활용할 것을 추천합니다.

▲ OneDrive 파일 복원하기

☞ OneDrive의 파일 복원 방법이 궁금하다면

https://sway.cloud.microsoft/jD2rDJrscMsvPlQV?ref=Link
(Microsoft OneDrive #2- 삭제된 파일 복원하기 참고)

❸ 다양한 MS 365 앱과의 자연스러운 연결을 보장해 줍니다.

예를 들어, Teams를 사용하는 경우 Teams에서 사용할 자료를 같은 계정 OneDrive에 있는 파일에서 쉽게 가져올 수 있고, Outlook을 통해 메일을 보낼 때도 OneDrive에 저장 후 링크를 첨부할 수 있으며, 수업자료를 위한 PowerPoint를 만들 때 또는 프레젠테이션에 들어갈 자료를 업로드할 때도 OneDrive에 있는 이미지 파일이나 Excel 파일 등을 쉽게 연동할 수 있습니다. 이러한 통합적 접근은 교사들에게 시간 절감 및 효율성을 제공한다는 장점이 있습니다. 즉, OneDrive는 학교 업무를 디지털화하고,

동아리 활동 시트 등과 같이 협업을 증진하는 핵심적인 베이스 역할을 한다고 할 수 있습니다.

폴더 공유로 간이 교무실 만들기

OneDrive의 폴더 공유 기능을 활용하면 학교 업무의 효율성이 크게 향상됩니다. 폴더 공유를 언제 사용하여 어떻게 학교 업무를 향상할 수 있는지 세 가지를 살펴보겠습니다.

❶ 공통된 양식을 제공할 때 사용할 수 있습니다.

담임 교사라면 '체험 학습 신청서 및 보고서 양식', '결석계 양식', '독서 기록장 양식' 등 매년 조금씩 바뀌지만 공통된 양식들을 모아서 전달할 때 사

출결 서류

출결 서류 양식

출결과 관련된 여러가지 양식은 아래 링크에서 다운받아서 사용하면 됩니다. 또는 학교 홈페이지에서 다운로드 하면 됩니다.

결석계

📌 결석이 하루라도 있는 경우 또는 인정 결석인 경우에는 반드시 결석계를 제출해야 합니다. 또한 질병결석이 2일 이상이 되는 경우 진단서 또는 진료 영수증 등을 함께 제출해야 합니다.

\>> 양식 다운로드 링크: 출결 서류 양식(질병 결석, 인정 결석 등)

생리 결석 양식

📌 생리 결석의 경우 한 달에 한 번 가능합니다. 결석 또는 지각, 조퇴로 가능하나 수업 결손이 있지 않도록 하는 것이 중요합니다.

\>> 양식 다운로드 링크: 출결 서류 양식(질병 결석, 인정 결석 등)

▲ OneDrive 출결 양식 폴더 공유 사례

용할 수 있습니다. 물론, 학교 홈페이지에 게시되어 있거나 학교 교실에 직접 비치해 두는 경우도 있지만, 늘 학생들이 가지고 오는 양식은 천차만별이라는 아이러니한 상황이 자주 생기곤 합니다. 이때 필요한 양식을 OneDrive에 모아둘 수 있습니다. 그런 다음 학급 단체 톡이나 학급 홈페이지(Loop 등)에 해당 링크를 게시하면 학생과 학부모가 쉽게 접근할 수 있습니다. 매년 해가 바뀔 때마다 교사는 해당 OneDrive 폴더 내에 있는 파일만 새로 업데이트를 해주면 매년 업데이트된 출결 양식을 사용할 수 있습니다.

❷ 파일을 모으고 공유할 때 사용할 수 있습니다.

기존에는 교직원 회의 시 각 부서에서 수합한 파일을 전체 교직원에게 전달했지만, 이제는 공유 폴더 링크를 사용하여 이를 간편하게 수행할 수 있습니다. 각 부서는 연수 자료를 [연수 일자]-[부서명] 형식의 폴더에 업로드하면 됩니다. 이렇게 하면 연간 모든 연수 자료가 동일한 폴더에 모이고,

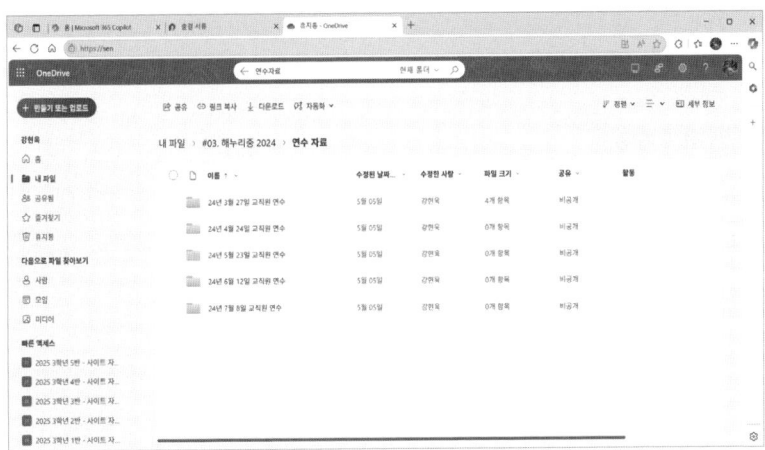

▲ OneDrive 연수 자료 폴더 공유 사례

각 부서에서 필요한 자료를 직접 업로드하거나 접근할 수 있습니다. 이와 같은 방식을 사용하면 언제 어느 부서가 발표했는지, 연수에서 어떤 내용이 있었는지 전반적인 확인이 가능하다는 장점이 추가로 뒤따라오게 됩니다. 이때 주의할 점은, 연수 일자 폴더에 모든 부서 폴더를 미리 만들어두면 연수 담당 교사가 각 폴더를 모두 확인해야 하므로 연수 자료가 있는 부서에서 직접 폴더를 만드는 방식으로 규칙을 정해두는 것이 좋습니다.

❸ 업무 분장에 따른 인수인계에 사용할 수 있습니다.

학생들의 민감한 데이터를 제외하고, 1년 동안 학교와 교실 운영에 필요한 자료들을 중앙에 집중하여 관리합니다. 학교는 그 특성상 업무 분장에 자주 변동이 있을 수 있기 때문에 언제든지 인수인계를 위해 준비해 두는 것이 중요합니다. 파일을 체계적으로 모아두고, 업무 담당자가 바뀌거나 교사가 이동할 때 중앙화된 OneDrive 폴더 링크를 전달함으로써 업무나 학년의 필수 작업 리스트를 쉽게 공유할 수 있습니다. 그리고 해당 폴더는 매년 데이터가 업로드되고 수정되므로 항상 최신 버전을 유지할 수 있습니다.

데이터 수합

OneDrive의 파일 요청 기능은 학교의 다양한 상황에서 효율적인 데이터 수합을 가능하게 해줍니다. 이때 데이터란 교사들에게 요청하는 파일일 수도 있고, 학생들의 포트폴리오나 작업물이 될 수도 있습니다. 이 기능을 사용하면 학교에서 파일을 수합하는 과정이 훨씬 간편해집니다. 또한 폴더 공유에서 발생할 수 있는 보안 문제를 줄이고, 전체적인 효율을 높일 수도 있습니다. 파일 수합 기능을 학교에서 활용할 수 있는 세 가지 방안을 살펴보겠습니다.

❶ **수업에서 활용하는 방안입니다.**

학교에서 포트폴리오나 학생들의 과제를 수합할 때 집에 두고 오거나, 혹은 교사를 찾지 못해서 과제물을 제출하지 못하는 경우가 있습니다. 이때 OneDrive의 파일 요청 기능을 활용하면 학생들의 포트폴리오를 수합하는 데 편리합니다. 파일 요청 기능은 로그인 없이도 각자 포트폴리오를 업로드할 수 있으며, 폴더를 관리하는 교사 외에는 업로드한 학생이 다른 학생들의 제출물을 볼 수 없다는 점에서 파일 공유와 다른 수합 기능이라고 볼 수 있습니다. 또한 학생이 제출한 파일은 업로드될 때마다 자동으로 정렬되고 Outlook 등으로 제출 완료 알림을 받을 수 있어서 제출 현황을 손쉽게 확인할 수 있습니다. 학생들 또한 PC나 모바일에서 링크에 접속할 수 있기 때문에 편하다는 의견을 많이 받은 사례입니다.

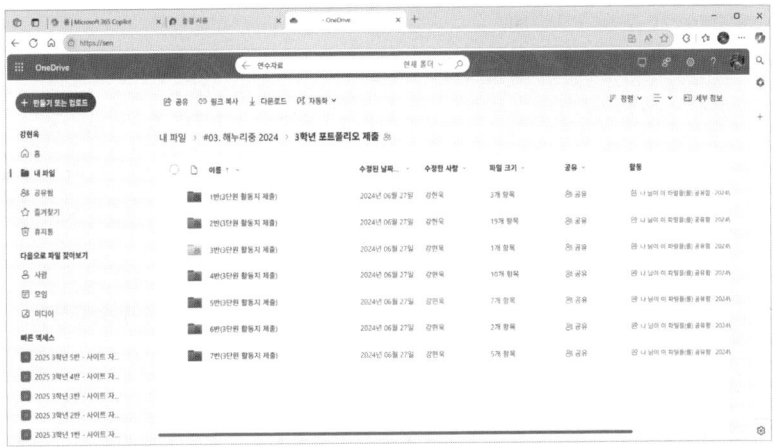

▲ OneDrive 파일 요청 폴더 공유 사례

❷ 학생들의 사진을 수합할 때 사용할 수 있습니다.

이는 학생들과의 추억을 공유하는 데 유용하며, 특히 졸업 앨범과 관련된 경우에 효과적입니다. 졸업 앨범의 마지막 페이지에는 반별 사진을 수록하는데, 이때 교사는 학생들의 추억 사진을 받고 검토한 후 앨범에 포함할 수 있습니다.

먼저, Teams 등을 통해 학급 학생들에게 파일 요청 링크를 전달하여 졸업 앨범에 사용할 사진들을 모읍니다. 수합한 사진들을 교사가 검토하여 장난스럽거나 특정 학생들만 많이 나온 사진은 제외하고, 앨범에 적합한 사진을 선별합니다. 선별된 사진을 졸업 앨범 담당 교사가 공유한 OneDrive 공유 폴더에 각 반명으로(ex. 3학년 6반 졸업 앨범 수록 사진) 폴더를 만들어 업로드합니다. 담당 교사가 이를 확인한 후 반별로 수합된 사진을 업체에 전달하여 업무 과정을 효율적으로 진행할 수 있습니다.

▲ OneDrive 졸업 앨범 사진 파일 요청 기능 활용 사례

☞ OneDrive 파일 요청 기능을 사용하는 방법이 궁금하다면

https://sway.cloud.microsoft/20iBxsZQtJWoH5Vo?ref=Link
(Microsoft OneDrive #3-OneDrive 파일 요청 기능 참고)

❸ **연수 이수증 수합용으로 사용하는 사례입니다.**

필수 이수 연수를 마친 후에 이수증을 출력한 것을 받아 보관해야 하는 경우가 있습니다. 이때 출력물로 직접 받게 되면 물리적인 공간을 차지하게 되고 자칫 잃어버릴 수도 있습니다. 파일 요청 링크에 이수증을 '교사명_연수명'으로 제출하게 되면 자동으로 정렬되어, 연수 담당 교사는 이수증을 출력하거나 정리할 때 편리하게 업무를 진행할 수 있습니다. 이 과정에서 링크를 통해 제공된 파일들은 제출자 외에는 파일을 볼 수 없도록 설정되어 있어서 보안이 유지되며, 요청한 교사가 자료를 수합할 때도 편리성을 제공합니다.

이 외에도 설문 응답, 학생회의 자료나 학부모 회신서 수합 등 다양한 경우에 파일 요청 기능을 활용할 수 있습니다. 이 기능은 별도의 로그인 없이 사용할 수 있고, 제출자와 링크를 제공한 교사 모두 효율적으로 작업을 할 수 있도록 도와줍니다.

지금까지 OneDrive가 학교에서 어떤 역할을 할 수 있는지 알아보았습니다. 학교에서 근무하면서 쌓이는 컴퓨터상의 문서들은 OneDrive 하나로 관리가 가능하다고 할 만큼 OneDrive는 자료 정리나 협업에 큰 도움을 주는 도구입니다. 이 외에도 OneDrive에는 공유 시 암호를 걸어서 보안을 업그레이드하고, 파일의 색상을 다르게 하여 폴더를 시각적으로 분리하는 방법 등 다양한 기능이 존재합니다. 또한 OneDrive를 다른 MS 365 서비스와 연결 지어 사용하면 더욱더 풍부한 업무 효율성을 낼 수 있습니다.

무엇보다 OneDrive의 최고 장점은 다양한 확장자의 학교자료를 하나의 드라이브에 담아서 정리·검색·공유·협업을 한 번에 할 수 있도록 돕는다는 것입니다.

지면에 다 담지 못한 기능은 https://microsofta3.com/ 사이트에서 OneDrive 부분을 차근차근 읽어가며 따라 해 보면 쉽고 간편한 OneDrive 사용에 금방 익숙해질 수 있을 것입니다. 교사에게 학교에서 수업 등을 위한 용도로 사용하기 좋은 프로그램으로 OneDrive를 적극 추천합니다.

Chapter 3

완벽한 스케줄 관리와 이메일 서비스 Outlook & To do

Lesson 01
Outlook & To do의 장점

Microsoft Outlook은 사용자가 이메일을 주고받는 것은 물론이고, 일정, 연락처, 작업 등을 통합적으로 관리할 수 있도록 돕는 프로그램입니다. 일정 기능을 통해 중요한 일을 놓치지 않도록 알림을 받을 수 있고, 메일과 연동하여 Teams의 회의 초대나 일정 예약도 손쉽게 처리할 수 있습니다. 이처럼 Outlook은 하나의 창에서 다양한 정보를 관리할 수 있게 해줌으로써 업무의 효율을 높여주는 도구로 활용됩니다. 특히 Outlook 앱을 PC에서 사용하면 웹을 열지 않고도 앱에서 바로 이메일 작성 및 스케줄 관리를 할 수 있습니다. 또한 G-mail이나 네이버 메일과 같은 메일 계정을 한 번에 같이 사용할 수 있습니다.

또한 Microsoft To do는 사용자가 해야 할 일을 목록 형태로 정리하고, 이를 체계적으로 관리할 수 있게 도와주는 프로그램입니다. 사용자는 자신이 처리해야 할 작업을 항목별로 등록할 수 있고, 각각의 작업에 마감일이나 알림을 설정하여 계획적으로 업무를 수행할 수 있습니다. 이처럼 To do는 개인의 시간관리 능력을 향상시키고, 업무 수행의 집중도를 높이기 위한 목적에서 활용됩니다.

Outlook과 To do 두 프로그램은 서로 유기적으로 연동됩니다. 예를 들어, Outlook에서 받은 이메일을 중요하게 할 일로 지정하면 To do에 자동으로 등록되며, To do에서 체크한 완료 여부도 Outlook에 반영됩니다. 이처럼 두 도구를 함께 사용하면, 메일 확인부터 일정 정리, 해야 할 일 관리까지 모든 업무의 흐름을 하나로 연결할 수 있습니다.

Lesson 02

Outlook 버전 살펴보기

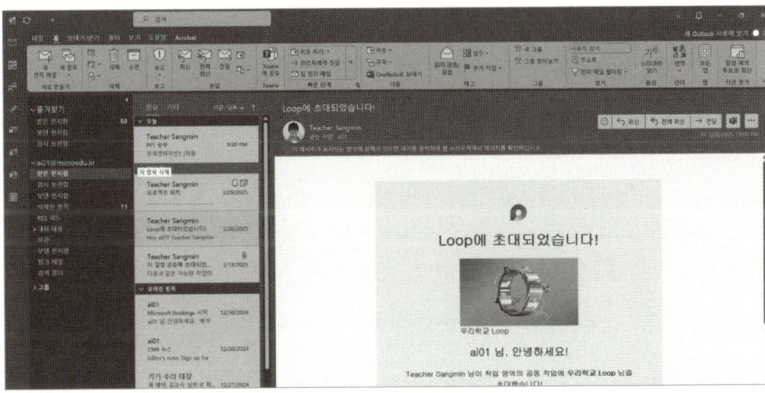

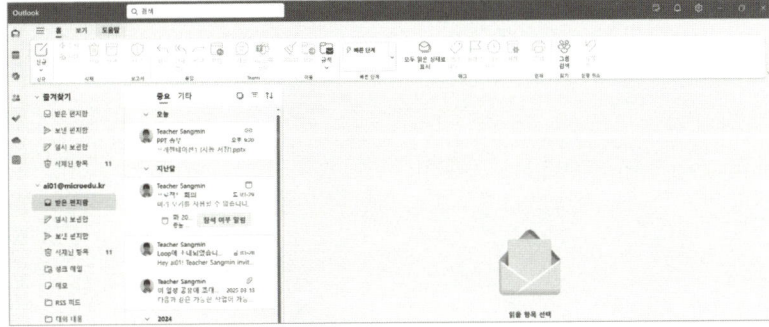

▲ Outlook Classic 버전과 New 버전의 화면

Outlook은 Classic 버전과 New 버전이 있습니다. 여기서는 Outlook Classic으로 설명하겠습니다. 두 버전은 각각 장단점이 있지만 기본적인 사용법이나 모습은 크게 다르지 않습니다. Classic 버전이 New 버전 대비 리본 메뉴에서 바로 확인할 수 있는 기능이 더 많이 표현되어 있습니다. Classic 버전에 익숙해지고 나면 New 버전을 사용하는 것은 전혀 어렵지 않습니다. 두 버전 모두 사용해 보고 더 편한 버전을 이용하면 좋을 것입니다.

☞ Outlook 로그인 및 각 버전으로의 전환을 알고 싶다면

https://sway.cloud.microsoft/WtWvLEelLZUeBBXv?ref=Link
(Microsoft Outlook #1- 아웃룩 기본 설명 전체 참고)

Lesson 03

Outlook의 대표 기능

Outlook 메일 기능

Outlook의 가장 기본적인 기능은 메일 기능입니다. Outlook이 메일 서비스로서 가진 장점으로는 다음과 같은 것들이 있습니다.

❶ 앱으로 사용할 수 있습니다.

웹을 열어서 로그인을 하지 않고도 메일을 전송하거나 받을 수 있습니다. 파워포인트를 열 듯이 앱으로 바로 열기 때문에 매우 편리합니다. 또한 파

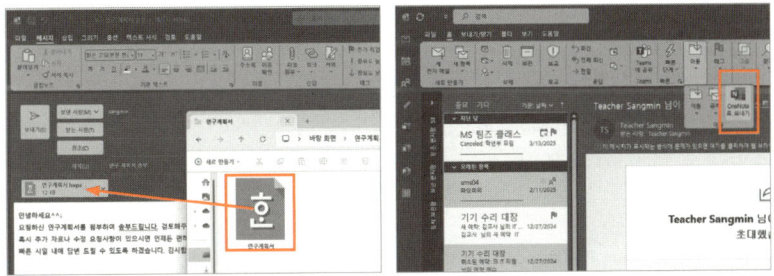

▲ Outlook 앱에서의 메일 첨부 기능 및 OneNote로 보내기 기능

☞ Outlook의 이메일 기능 및 OneNote로의 송부 방법을 알고 싶다면

https://sway.cloud.microsoft/C8Z3Z8ikWTbrGwnl?ref=Link
(Microsoft Outlook #2 참고)

일을 드래그 앤 드롭(Drag and drop)하여 편리하게 메일에 첨부할 수도 있습니다. 그리고 Outlook의 메일은 OneNote와도 연동이 되어 필요한 메일을 OneNote로도 보내어 보관할 수 있습니다. OneNote로 보내기를 하면 OneNote의 한 페이지로 편리하게 저장됩니다.

❷ 여러 계정을 한 메일 서비스 안에서 사용할 수 있습니다.

여러 회사의 서비스를 동시에 사용하고 있다면(MS, 구글, 웨일 등) 아래 화면과 같이 하나의 메일 서비스 안에 묶어서 사용할 수 있음을 알 수 있습니다. 메일의 수신 및 발신을 하나의 플랫폼에서 할 수 있다는 점은 매우 편리한 부분입니다.

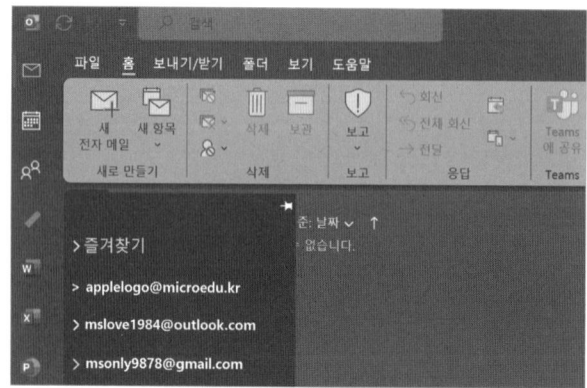
▲ 하나의 Outlook 안에 각 메일 서비스 계정을 넣어 사용하는 화면

☞ Outlook에 다양한 계정을 넣어서 사용하는 방법을 알고 싶다면

https://sway.cloud.microsoft/j45NVqi2efMa2zB6?ref=Link
(Microsoft Outlook #4-2. 다른 계정을 추가 등록하여 사용하기 참고)

Outlook 일정 기능

Outlook의 일정 기능은 이메일 관리와 더불어 시간관리를 한곳에서 할 수 있도록 도와주는 핵심 기능입니다.

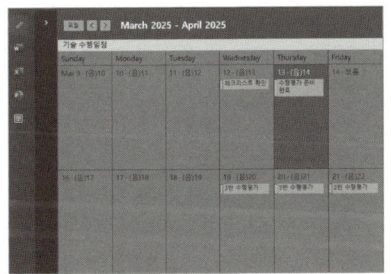 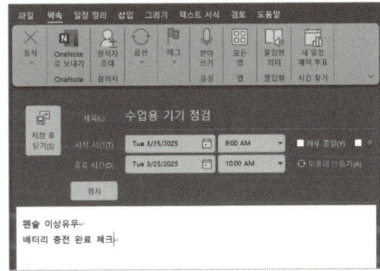

▲ Outlook의 일정 관리 기능

☞ Outlook에서 일정을 관리하는 방법을 더 알고 싶다면

https://sway.cloud.microsoft/1cBp6Dm0mIqZai0v?ref=Link
(Microsoft Outlook #3-1. Outlook 일정 참고)

Outlook To do 기능

To do 기능은 말 그대로 할 일 목록을 관리하는 서비스로, Outlook 플랫

폼에 통합되어 있어 편리하게 이용할 수 있습니다. Outlook에서 이메일을 To do와 연동하려면 간단히 해당 메일에 플래그를 설정하면 됩니다. 이를 통해 이메일을 작업 단위별로 분류하고 필요한 날짜에 다시 읽어봐야 할 때 알림을 받을 수 있어 매우 유용합니다. 또한 스마트폰용 To do 앱을 설치하면 원하는 시간에 정확히 알림이 울려 일정 관리를 더욱 손쉽게 도와줍니다.

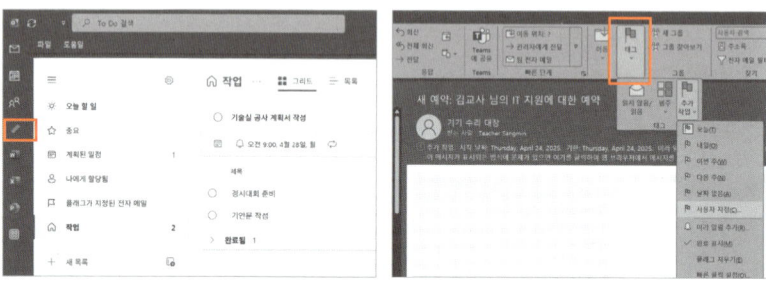

▲ Outlook 내의 To do와 Outlook 플래그를 활용한 To do와의 연동

☞ Outlook의 To do 기능에 대해 알고 싶다면

https://sway.cloud.microsoft/1cBp6Dm0mIqZaiOv?ref=Link
(Microsoft Outlook #3-2. Outlook To do 사용하기 참고)

MS 365 앱 허브로서의 기능

Outlook은 MS 365 앱 허브로서의 역할을 할 수 있습니다. Outlook 플랫폼 안에 다양한 앱을 가져와서 연결할 수 있습니다. **[앱 추가]**를 하면 더 많은 앱을 추가하여 허브처럼 사용할 수 있습니다.

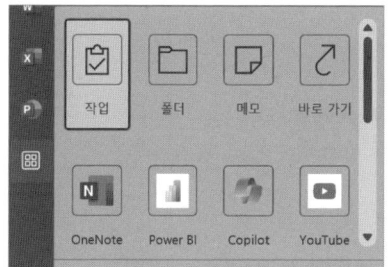 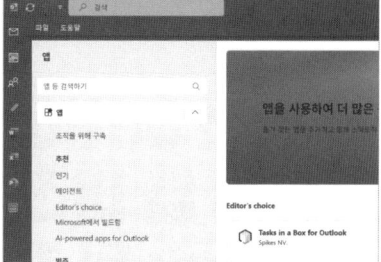

▲ 다양한 앱을 연결한 Outlook의 앱 허브로서의 역할

 ☞ MS 365 앱 허브로서의 기능에 대해 더 알고 싶다면

https://sway.cloud.microsoft/j45NVqi2efMa2zB6?ref=Link
(Microsoft Outlook #4-1. MS 365 허브로서의 Outlook 참고)

Lesson 04

웹 버전 Outlook과 모바일 앱 버전 Outlook 및 To do

웹 버전 Outlook

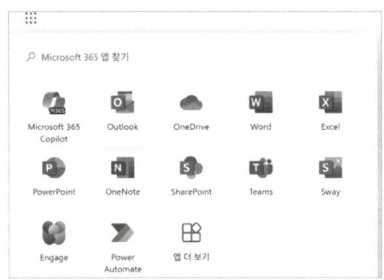

▲ 웹에서의 Outlook

Outlook은 MS 365 내의 웹 앱으로도 당연히 사용할 수 있습니다. 일반 이메일 서비스처럼 사용이 가능합니다.

모바일 앱 버전의 Outlook 및 To do

Outlook과 To do는 스마트폰 앱으로도 사용이 가능합니다. PC를 사용하지 않는 상황에서도 Outlook 앱을 통해 이메일 수신 및 발신, 스케줄 관리, To do 앱을 통한 일정 알림 등을 모두 실행할 수 있습니다.

▲ Outlook 앱의 기능들(이메일 기능 및 스케줄러)

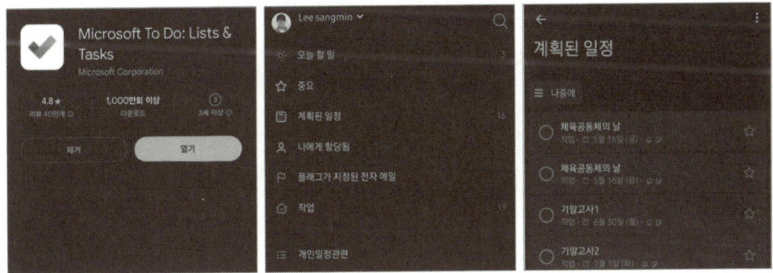

▲ 스토어에서의 To do 앱과 To do 앱의 기능들

Lesson 05
Outlook과 To do 기능을 학교에서 활용하는 방법

Outlook과 To do의 기능을 어떻게 하면 학교에서 더 효과적으로 사용할 수 있는지 종합적으로 알아보겠습니다. 여기서는 OneNote도 함께 넣어 설명하겠습니다.

Outlook, OneNote, To do를 다음과 같이 사용합니다.
- **Outlook**: 메일, 기본 스케줄러
- **OneNote**: 교무수첩, 공문서철을 비롯한 다양한 업무 및 수업 관련 기록 저장소
- **To do**: 알리미 역할

❶ **Outlook은 메일 송수신 기능과 일정 관리의 역할을 합니다.**
중요한 이메일을 특정 시점에 반드시 확인하거나 회신해야 할 때는 해당 메일에 Outlook 플래그를 설정하면 To do와 연동되어 지정한 시간에 알림을 받을 수 있습니다. 예를 들어, 학교 행사 준비를 위해 주고받은 메일을 내일 오후 4시에 확인하고 회신해야 한다면 미리 플래그를 달아두면 다

음 날 오후 4시에 To do가 자동으로 알림을 전해 주어 업무를 놓치지 않고 처리할 수 있습니다.

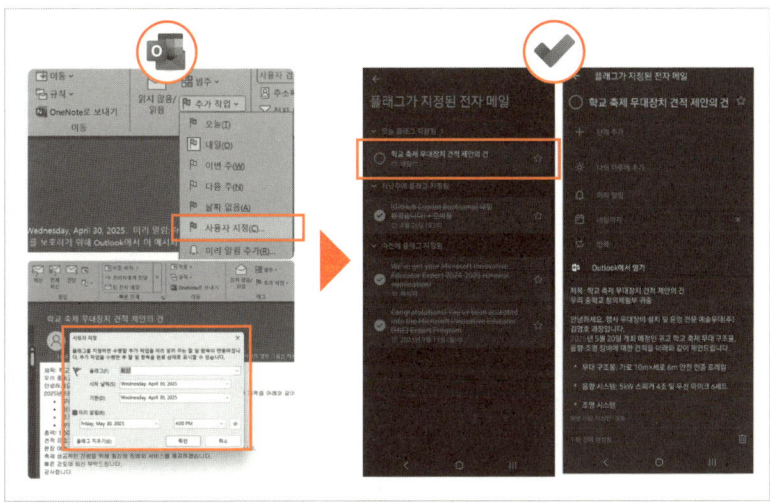

▲ Outlook 메일에서 플래그를 붙여 To do에서 알림을 받게 하는 화면

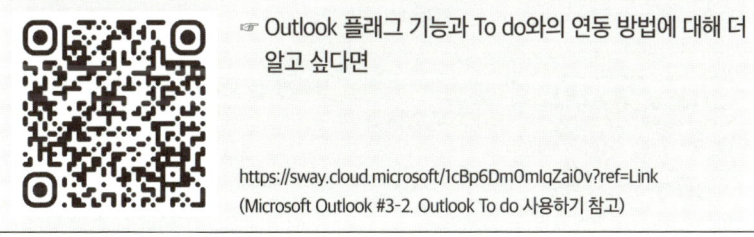

☞ Outlook 플래그 기능과 To do와의 연동 방법에 대해 더 알고 싶다면

https://sway.cloud.microsoft/1cBp6Dm0mIqZai0v?ref=Link
(Microsoft Outlook #3-2. Outlook To do 사용하기 참고)

❷ OneNote는 교무수첩이나 공문서철을 정리해 놓는 기능을 합니다.

학생의 학부모와 전화 상담을 하기로 한 경우 그 내용을 OneNote 교무수첩에 입력해 놓고 OneNote에서 Outlook 플래그를 특정 시간에 붙여 놓으면 To do를 통해 연락이 오기 때문에 잊지 않고 상담 전화를 할 수 있습니다.

또한 특정 공문을 발송해야 하는 시기를 잊지 않기 위해 편철을 해놓은 OneNote상의 공문에 Outlook 플래그를 걸어 놓으면 이 역시 알림이 오기 때문에 업무에 공백이 생기지 않습니다.

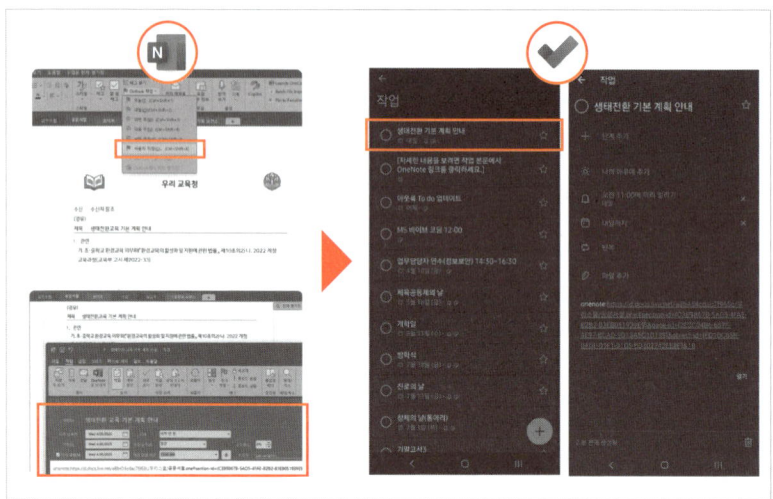

▲ OneNote에서 플래그를 붙여 To do에서 알림을 받게 하는 화면

☞ OneNote 플래그 기능과 To do와의 연동 방법에 대해 더 알고 싶다면

https://sway.cloud.microsoft/1cBp6Dm0mIqZai0v?ref=Link
(Microsoft Outlook #3-원노트와 To do 연동하여 사용하기 참고)

지금까지 알아본 Outlook과 To do를 잘 활용한다면 학교 수업과 업무에 공백이 생기지 않고 일정을 잘 관리할 수 있습니다.

Chapter 4

학교자료의 완전한 디지털 플랫폼화, OneNote (+Lens)

Lesson 01

OneNote를 추천하는 이유

학교는 한 명의 교사가 전혀 성격이 다른 다양한 업무를 동시에 수행해야 하는 공간입니다. 에듀파인·NEIS 같은 행정 시스템을 다루는 일부터, 수업과 학급 운영, 상담록 작성, 동아리 지도, 각종 위원회 회의 등이 하루하루, 1년 내내 끊임없이 이어집니다.

교사는 학생을 상대한다는 공통점 외에는 업무의 성격이 하나도 닮지 않아서 늘 분주할 수밖에 없습니다. 게다가 업무 간 연계성도 부족하고, 자료를 체계적으로 관리하기도 쉽지 않습니다.

메신저나 클라우드 서비스를 활용해 보지만, 여전히 종이 문서에 의존하는 경우도 많습니다. 이처럼 흩어지고 복잡한 업무 환경 속에서 "단일 플랫폼 안에서 모든 자료를 손쉽게 찾아 정리할 수 있다면 얼마나 좋을까?" 하는 고민 끝에 만나게 된 것이 바로 Microsoft OneNote입니다.

Lesson 02

OneNote로 할 수 있는 일들

OneNote로 할 수 있는 일들은 많습니다.

❶ **교무수첩**: 캘린더를 만들어서 교무수첩으로 활용할 수 있습니다. 캘린더에 각종 링크를 연결할 수도 있고 공문서철을 OneNote에 삽입하고 연동하여 일정 관리를 편리하게 할 수도 있습니다.

❷ **공문서철**: 에듀파인을 OneNote로 출력하여 체계적으로 공문서철을 정리할 수 있습니다.

❸ **상담록**: 비밀 유지가 중요한 상담록에 암호를 걸어 보호할 수 있습니다.

❹ **회의록**: 회의록을 편리하게 작성할 수도 있고, 음성녹음 기능을 이용하여 OneNote에 녹음한 뒤 Copilot을 이용하여 회의록 작성을 정리 받을 수도 있습니다.

❺ **출석부 및 수업 진도표**: 표를 만들어서 체계적으로 정리할 수 있습니다.

❻ **수업자료 보관소**: 다양한 수업자료를 링크와 캡처를 통해 정리해 놓을 수 있고 수업 진행 툴로도 사용이 가능합니다.

❼ **종이 자료 스캔 저장소**: MS Lens 앱과 연동이 되기 때문에 학교의 종이 자료를 원클

릭 촬영하여 OneNote로 자동 저장할 수 있습니다.

이처럼 다양한 기능을 통해 OneNote라는 하나의 도구만으로도 학교 업무의 대부분을 커버할 수 있는 디지털 플랫폼으로서의 활용이 가능합니다.

Lesson 03

OneNote 사용 방법

OneNote는 MS 오피스에 기본 포함된 앱입니다. 우리가 익히 아는 Word, PowerPoint, Excel 패키지에도 OneNote가 함께 제공된다는 사실을 모르는 분들이 생각보다 많습니다. 별도로 제외하지 않는 한 OneNote는 자동으로 설치되며, 기존 설치형(Office 2019, Office 2024 등) 및 MS 365 버전 모두에서 사용할 수 있습니다. 특히 MS 365 버전의 OneNote를 더욱 추천합니다. 그 이유는 다운로드 후 지속해서 업데이트가 되는 장점이 있기 때문입니다.

▲ 내 PC에서 OneNote 앱이 있는지 찾아보기

☞ **OneNote를 체계적으로 사용할 수 있는 자세한 방법이 궁금하다면**

https://sway.cloud.microsoft/RJipOq3LbqinFZll?ref=Link
(Microsoft OneNote #1 참고)

내 PC에 OneNote가 설치되어 있는지 확인하려면 윈도우 **[시작]** 메뉴에서 'OneNote'를 검색해 보면 됩니다.

Lesson 04

OneNote를
학교에서 활용하는 방법

교무수첩

OneNote는 가장 편리한 교무수첩으로 활용할 수 있습니다. 교무수첩을 교사마다 사용하는 방법이 각각 다르듯 OneNote에서의 교무수첩으로의 활용 또한 교사의 편의성에 따라 사용 방법이 다를 것입니다. 여기서는 대표적인 두 가지 방법을 소개하겠습니다.

❶ 그냥 메모장에 입력하듯이 체크박스만 만들어서 입력하는 방법입니다.

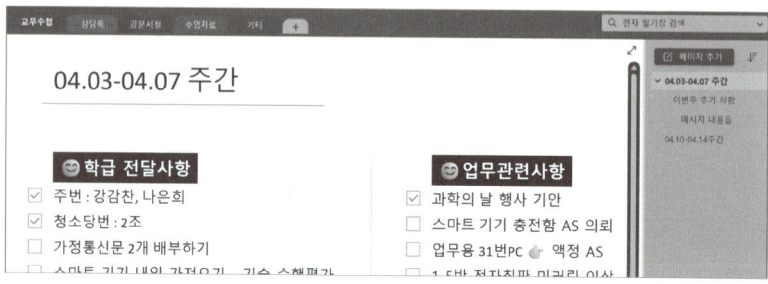
▲ 교무수첩을 체크박스를 만들어 주차별로 메모장처럼 쓰는 방식

☞ OneNote를 체크박스 형태의 교무수첩으로 만들어 사용하는 방법이 궁금하다면

https://sway.cloud.microsoft/i8ABxZeyMZtXnGzf?ref=Link
(Microsoft OneNote #2-2. OneNote의 학교에서의 실제적 활용_1 참고)

보통 주 단위로 입력하면 편리합니다.

❷ 원타스틱이라는 OneNote Add-in 기능을 이용하여 캘린더 형식의 교무수첩을 사용하는 방법입니다.

이 방식의 장점은 월간 일정을 한눈에 체계적으로 볼 수 있다는 점과 OneNote 내의 단락 링크 기능을 이용해서 캘린더의 내용과 각종 페이지로의 연동이 가능하다는 점입니다. 예를 들어, 뒤에서 설명할 공문서철을 OneNote로 출력한 뒤 공문서철의 단락 링크(공문서철이 출력된 페이지의 주소)를 복사해서 캘린더의 날짜에 붙여 넣으면, 해당 업무를 해야 하는 날 그 링크를 클릭하는 것만으로도 공문에 곧바로 접근할 수 있습니다. 이 내용은 뒤에서 한 번 더 다루겠습니다.

▲ 교무수첩을 캘린더 형식으로 만들어 사용하는 방식

☞ OneNote 원타스틱(Add-in) 캘린더를 사용할 수 있는 방법이 궁금하다면

https://sway.cloud.microsoft/M6p6p92DztXjvk6Z?ref=Link
(Microsoft OneNote #5-1. Onetastic 참고)

공문서철

OneNote는 가장 편리한 공문서철 정리 플랫폼이 되기도 합니다. OneNote와 유사한 많은 노트앱들이 있지만 그런 앱들은 출력 기능이나 한글 문서를 체계적으로 받아들여서 정리하는 부분에서는 많이 부족합니다. 하지만 OneNote는 어떤 형식의 자료든지 손쉽게 탑재가 가능하다는 장점과 프린터로서의 기능(OneNote로 출력하기)을 할 수 있다는 점에서 편리한 공문서철 정리 도구가 됩니다.

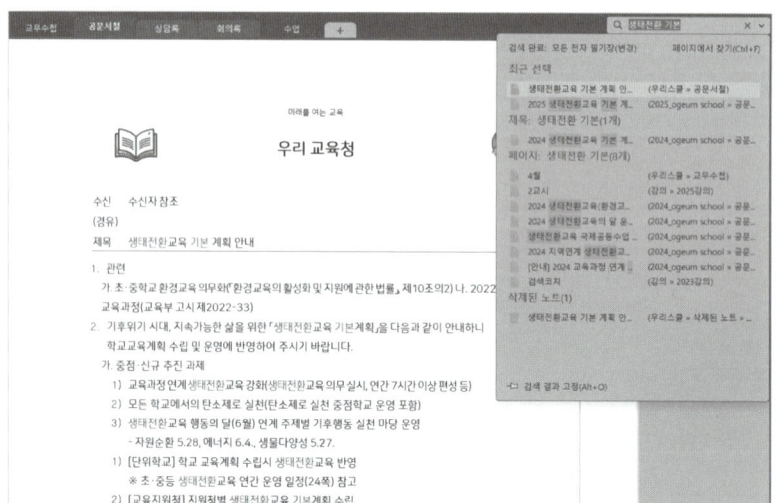

▲ 공문서철을 OneNote로 정리하고 검색하는 화면

공문은 일괄 다운로드를 한 다음에 찾아볼 수도 있고, 필요할 때 에듀파인에 들어가서 확인할 수도 있지만 이는 다소 불편합니다. 이때 OneNote는 검색어를 입력함과 동시에 공문을 검색하여 찾아줍니다. 또한 첨부파일은 일괄 다운로드 받은 후 드래그 앤 드롭(Drag and drop) 방식으로 수문과 함께 보관할 수 있습니다. 출력되는 수문은 이미지 파일로 출력되는데 놀랍게도 OneNote에서 공문에 담겨 있는 글자를 검색하면 OCR 기능이 작동하면서 파일 위치를 찾아줍니다. 공문이 어디에 있는지 검색어를 입력하는 동시에 찾아주는 것입니다.

OneNote의 공문서철로의 활용은 다음과 같은 방법으로 사용할 수 있습니다. 에듀파인에서 공문을 열고 평소 교무실 프린터로 출력하듯이 프린터를 누릅니다. 그때 프린터를 교무실 프린터가 아닌 OneNote(Desktop) 앱으로 출력하면 OneNote의 페이지에 편철이 됩니다.

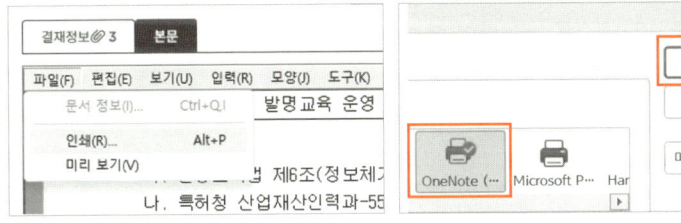

▲ 공문서철을 OneNote로 출력하는 화면

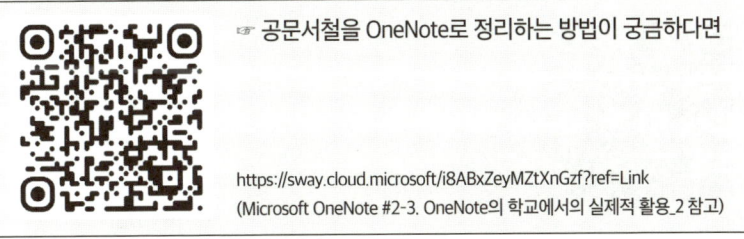

☞ 공문서철을 OneNote로 정리하는 방법이 궁금하다면

https://sway.cloud.microsoft/i8ABxZeyMZtXnGzf?ref=Link
(Microsoft OneNote #2-3. OneNote의 학교에서의 실제적 활용_2 참고)

앞서 소개한 교무수첩의 캘린더와 OneNote의 공문 관리 기능을 연동하

는 방법을 살펴보겠습니다. 이 연동 기능은 특히 퇴근 직전에 공문이 도착했을 때 다음 날 업무를 매끄럽게 이어가도록 도와줍니다.

예를 들어, 퇴근 직전에 공문을 받으면 다음 날 다시 해당 문서를 찾아 열기까지 집중력을 되찾는 데 시간이 걸립니다. 하지만 전날 받은 공문을 OneNote에 저장한 뒤 캘린더 일정에 연결해 두면, 출근 후 캘린더를 여는 것만으로 곧바로 문서 페이지로 이동해 즉시 업무를 시작할 수 있습니다. 연동 방법은 다음과 같습니다.

❶ OneNote에서 공문이 담긴 페이지의 빈 공간을 마우스 오른쪽 클릭한 후 [단락 링크 복사]를 선택합니다.
❷ 교무수첩 캘린더로 이동해 해당 일정의 설명란에 복사한 링크를 붙여 넣기를 합니다.
❸ 일정 확인 시 링크를 클릭하면 즉시 OneNote 공문 페이지로 이동합니다.

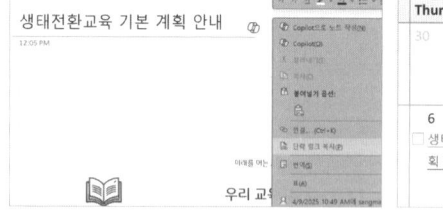

▲ 공문서철 페이지를 캘린더에 단락 링크로 연동하는 화면

☞ 공문서철을 캘린더로 연동하는 방법이 궁금하다면

https://sway.cloud.microsoft/M6p6p92DztXjvk6Z?ref=Link
(Microsoft OneNote #5- 공문서철과 교무수첩 캘린더 기능 연동하기 참고)

이처럼 캘린더와 OneNote를 연결해 두면 업무를 재개할 때 불필요한 검

색 시간을 줄여 더욱 효율적으로 일할 수 있습니다.

상담록

학교에서 특히 담임 교사는 많은 상담을 진행하게 됩니다. 상담 내역을 근거로 학생들의 생활기록부 작성에 활용하기도 하고, 학부모와의 상담에서도 근거자료로 활용하기도 합니다. 하지만 상담은 지극히 개인적인 부분이 많은 자료이기 때문에 보안이 매우 중요합니다. 교사가 잠시 자리를 비운 사이 누군가 상담 내용을 읽거나 본의 아니게 유출되는 경우가 없어야 합니다. OneNote는 훌륭한 상담자료 보관 장소인 동시에 보안을 지킬 수도 있습니다.

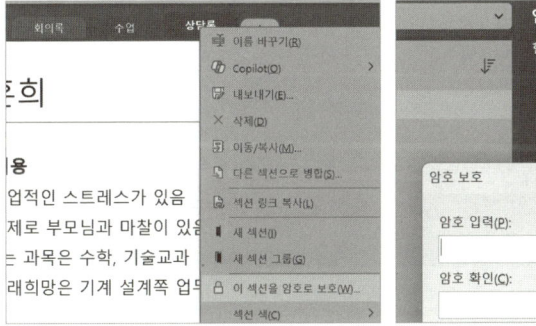
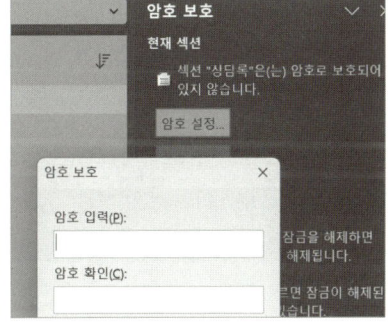

▲ 상담록 섹션에 암호를 설정하는 화면

☞ OneNote에서 상담록을 사용하는 방법이 궁금하다면

https://sway.cloud.microsoft/i8ABxZeyMZtXnGzf?ref=Link
(Microsoft OneNote #2-4. OneNote의 학교에서의 실제적 활용_3 참고)

사용 방법은 간단합니다. 일단 기본적인 내용 입력은 OneNote를 사용하

는 일반적인 방법처럼 하면 됩니다. 그리고 상담록이라는 섹션에서 마우스 오른쪽 버튼을 눌러 **[이 섹션을 암호로 보호]** 기능을 클릭합니다. 마지막으로 암호를 설정하면 완료됩니다. 이렇게 암호를 설정하면 잠시 자리를 비울 경우에도 자동으로 OneNote가 잠기게 되어 보안을 지킬 수 있습니다. 스마트폰에서도 다음 화면과 같이 보안이 설정되어 있는 것을 볼 수 있습니다. OneNote를 열어 내용을 확인하고 싶은 경우 스마트폰의 지문인식 및 Face ID로도 열 수 있습니다.

이것을 잘 응용하면 나만의 비밀번호 모음 페이지를 만들어서 활용할 수도 있을 것입니다.

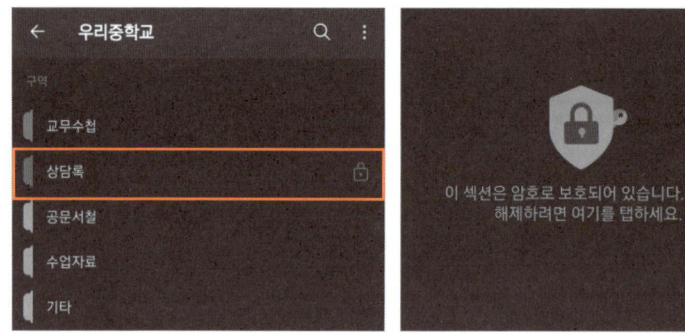

▲ 섹션에 암호를 걸었을 경우 모바일 OneNote 앱에서 보이는 화면

회의록

학교에는 생각보다 많은 회의와 위원회가 존재합니다. 회의에는 서기가 되는 담당자가 있고 그 내용을 체계적으로 정리하는 역할을 합니다. 회의가 짧을 경우에는 회의록 정리가 간단하지만 회의가 길어질 경우에는 체계적인 정리가 쉽지 않습니다. 하지만 OneNote는 최고의 받아쓰기 기능이 있습니다. OneNote에서 **[홈]-[받아쓰기]**를 클릭하게 되면 녹음 기능이

작동하면서 대화 내용을 받아쓰기해 줍니다.

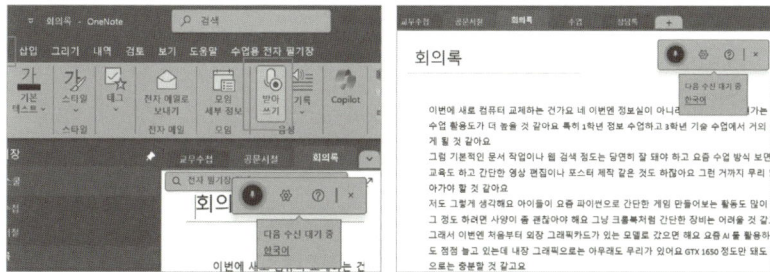

▲ OneNote에서 받아쓰기를 이용하여 회의록을 작성하는 화면

또한 받아쓰기 된 내용을 Copilot에게 정리를 부탁하면(오피스 내의 Copilot 은 유료 MS 365 계정 사용자에 한함) 회의록 정리를 간단하게 할 수 있습니다.

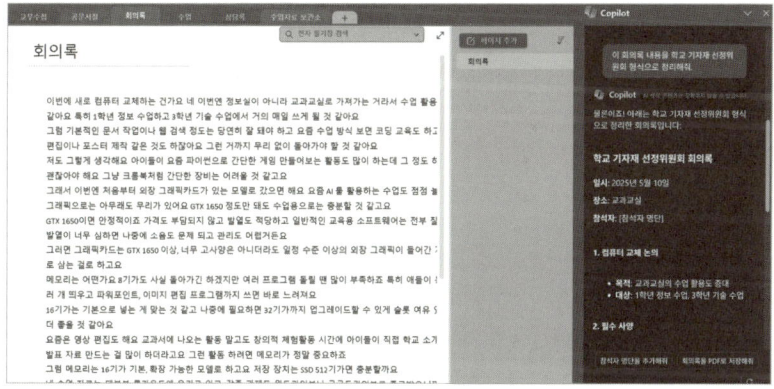

▲ 받아쓰기한 내용을 Copilot에서 회의록으로 정리 받는 화면(유료 MS 365 계정 사용자 기능)

출석부 및 수업 진도표

OneNote의 표 만들기를 이용하여 출석부 및 수업 진도표를 작성하여 사용할 수 있습니다.

▲ OneNote로 출석부와 수업 진도표를 사용하는 화면

☞ OneNote에서 표를 삽입하여 사용하는 방법이 궁금하다면

https://sway.cloud.microsoft/i8ABxZeyMZtXnGzf?ref=Link
(Microsoft OneNote #2-6. OneNote의 학교에서의 실제적 활용_5 참고)

OneNote 표 기능은 쉽게 생성이 가능하지만 엑셀이나 한글의 표 작성에 비하면 편의성은 다소 떨어집니다. 예를 들면, 셀을 합치는 기능 같은 것은 지원되지 않습니다. 하지만 출석부나 수업 진도표는 단순 입력이 목적이기 때문에 그런 용도로 사용하는 것에는 기능상 부족함이 없습니다. OneNote를 사용하는 가장 큰 목적은 학교에서 이루어지는 모든 내용을 OneNote라는 한 플랫폼에서 찾고 저장하는 것이기에 이렇게 출석부와 수업 진도표를 활용하면 매우 편리합니다.

수업자료 보관소

수업자료를 제작하기 위해 다양한 자료를 찾다 보면 많은 링크나 이미지 자료, 영상 자료 등을 찾게 됩니다. 이러한 자료 역시 하나의 플랫폼에 모아 놓고 단어 검색으로 곧바로 찾을 수 있다면 매우 편리할 것입니다. OneNote는 그런 자료 보관소로서의 역할도 충실히 해냅니다.

예를 들어, 유튜브에서 수업자료를 찾다가 적합한 자료가 눈에 띈 경우 유튜브의 링크를 복사합니다. 그리고 OneNote에 와서 페이지에 붙여넣기를 하면 영상이 링크와 함께 들어옵니다.

 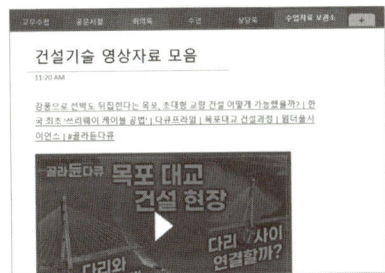
▲ 유튜브의 링크를 복사해서 OneNote에 삽입한 화면

OneNote에 삽입된 영상은 OneNote 안에서도 곧바로 재생해 볼 수 있습니다. 또한 OneNote에 저장한 영상 자료는 OneNote의 검색 기능을 통해 바로 찾아올 수 있습니다.

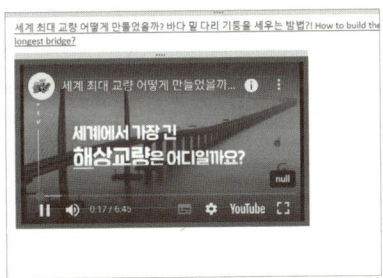 
▲ 유튜브에서 영상을 재생하는 모습과 검색을 통해 OneNote에서 수업 영상 자료를 찾는 화면

종이 자료 스캔 저장소

학교는 디지털화가 상당히 진전되었음에도 여전히 많은 자료를 종이로 배

부합니다. 종이 문서는 늘 가지고 다니지 않는 한 언제든 꺼내 보기 어렵고, 보관이나 검색도 힘듭니다. 이 때문에 체계적으로 관리하기가 번거로워지곤 합니다.

하지만 OneNote와 MS 스캔 앱인 Lens를 함께 쓰면 이런 문제를 단번에 해결할 수 있습니다. Lens로 종이 자료를 촬영하는 즉시 OneNote에 스캔본이 저장되고, 내장된 OCR 기능이 텍스트를 인식해 검색까지 지원하기 때문입니다. 덕분에 모든 종이 문서가 디지털 자료처럼 손쉽게 접근·관리되는 완벽한 학교자료 플랫폼이 완성됩니다.

작동 원리 및 사용 방법은 다음과 같습니다.

 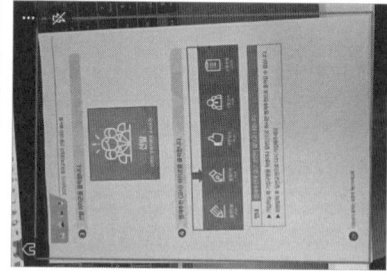

▲ Lens 앱과 종이 자료를 촬영하는 화면

☞ 종이 자료를 OneNote로 전송하는 방법이 궁금하다면

https://sway.cloud.microsoft/m4iiVLJv2qTgosbe?ref=Link
(Microsoft OneNote #3-2. Lens 앱(스캔앱) 사용하기 참고)

❶ 스마트폰이나 태블릿에서 MS Lens 앱을 실행해 종이 문서를 촬영합니다.
❷ 촬영한 이미지는 설정해 둔 OneNote 전자필기장의 지정 섹션으로 곧바로 전송됩

니다.

❸ OneNote 내에서 OCR이 자동으로 적용되어, 스캔된 문서의 텍스트까지 자유롭게 검색할 수 있습니다.

▲ Lens 앱으로 촬영한 자료의 OneNote 전송 모습과 이를 검색으로 찾는 화면

위 화면에서 보이는 것처럼 종이 자료도 일단 스캔이 되면 디지털 자료처럼 검색이 가능해집니다. OneNote 우측 상단의 검색창에 '영재선발'이라는 단어를 입력하자 스캔된 종이 자료에서 '영재', '선발'이라는 단어를 검색해 주는 것을 볼 수 있습니다.

물론 더 쉽게 검색하고자 한다면 페이지 빈 공간에 검색에 도움이 될 수 있는 단어를 미리 입력해 놓는 것도 하나의 방법이 될 수 있습니다. 이렇게 사용하면 언제든지 학교자료를 찾을 수 있는 플랫폼이 됩니다.

지금까지 OneNote가 학교에서 어떤 역할을 할 수 있는지 알아보았습니다. 약간의 과장을 덧붙이자면 대부분의 학교 업무는 OneNote 하나로 가능하다고 할 만큼 OneNote는 무궁무진한 가능성과 기능을 탑재하고 있습니다. 여기서 모두 다루지는 못했지만 OneNote 모바일 앱 활용, 번역 기능, 수학식 풀이 기능, 그림 그리기 기능, 계산 기능, 수업용 전자필기장 기능 등 더 다양한 기능이 존재합니다.

무엇보다 OneNote는 다양한 형태의 학교자료를 하나의 플랫폼에 담아서 체계적으로 정리하고 검색하고 활용할 수 있다는 것이 최고의 장점이라고 할 수 있습니다.

▲ 지금까지 살펴본 OneNote의 활용 용도

지면에 다 담지 못한 기능은 https://microsofta3.com/ 사이트에서 OneNote 부분을 차근차근 읽어가면서 따라 해 보면 제대로 된 OneNote의 위력을 경험할 수 있을 것입니다. OneNote를 필수 프로그램 및 앱으로 추천합니다.

Chapter 5

수업, 소통, 협업까지, Teams로 완성하는 디지털 학교

Lesson 01

Teams는 디지털 교육 환경의 필수 플랫폼

빠르게 변화하는 디지털 시대 속에서 학교 현장은 단순한 지식 전달의 공간을 넘어, 함께 소통하고 협력하며 문제를 해결해 가는 창의적인 배움의 장으로 진화하고 있습니다. 특히 코로나19 팬데믹 시기에 많은 학교에서는 LMS(학습관리시스템)를 경험하면서 이 시스템의 편리함과 효용성도 경험하게 되었습니다. 그러면서 학교에서는 디지털 교육 플랫폼을 적극적으로 도입하고 활용하는 추세로 나아가고 있습니다. 그중에서도 Microsoft Teams는 수업과 소통, 협업을 위한 가장 효율적이고 완벽한 플랫폼으로 활용도가 매우 뛰어납니다.

특히 AI 기능이 강화되면서 Teams 내에 들어오게 된 학습 가속화 도구라고 불리는 '읽기 진행', '검색 진행률', '발표자 진행' 등은 학생들의 개별적인 학습 능력을 향상시키고, 'Reflect'를 활용해 정서적 상태를 파악하여 학생 개개인의 맞춤형 관리까지 가능하게 합니다. 더불어 'Insights' 기능을 통해 교사는 학생들의 학습 참여도와 성취도를 실시간으로 파악하고, 보다 정확한 교육적 판단을 할 수 있습니다.

Microsoft Teams는 업무적으로도 매우 편리합니다. 수많은 업무를 담당하는 교사들에게 자료 관리, 성적 관리, 팀 프로젝트 운영, 고품질 화상회의 시스템까지 가능한 올인원 솔루션을 제공합니다. 이를 통해 교사와 학생은 언제 어디서나 손쉽게 소통하고, 과제를 주고받고, 개별 맞춤형 피드백까지 원활하게 진행할 수 있습니다. 또한 학교 구성원이나 외부의 구성원들과도 자료를 공유하고 언제 어디서든 회의를 진행할 수도 있습니다.
이처럼 Microsoft Teams는 디지털 교육 환경의 필수적인 플랫폼으로 자리잡으며, 학교 구성원 모두에게 더 높은 교육의 질과 가치를 제공하고 있습니다. 이제부터는 Teams의 다양한 기능들이 실제로 학교 현장에서 어떻게 사용되고 있는지 구체적인 사례와 함께 살펴보고, Teams가 가진 교육적 가치와 가능성을 알아보겠습니다.

Lesson 02

Teams로 할 수 있는 일들

Microsoft Teams는 매우 다양한 활동이 가능하지만 크게 다음과 같은 일들을 할 수 있습니다.

❶ **LMS(학습관리시스템) 기능**: 학습자료 공유 및 공지, 과제 부여 및 피드백
❷ **수업용 전자필기장 활용**: OneNote 기반으로 교사가 학생들에게 원클릭으로 자료를 공유하고 실시간 협력 및 개별 피드백을 제공하는 공간
❸ **Reflect**: 학습자의 감정 데이터를 수집 및 활용
❹ **학습 가속화 도구의 활용**: 과제 기능을 통해 읽기 진행(읽기 능력 향상), 발표자 진행(발표 능력 향상), 수학 진행률, 검색 진행률 등을 활용
❺ **화상회의**: 고품질의 화상회의 제공
❻ **팀 협업 프로젝트**

Microsoft Teams는 방대한 플랫폼이기 때문에 Teams를 한 번도 경험해 보지 않은 경우라면 온라인 매뉴얼 https://sway.cloud.microsoft/3LNgA2kyURfFtrf5?ref=Link을 통해 Microsoft Teams 소개, 팀 생성, 채널 및 게시물 부분을 먼저 살펴보고 다음으로 넘어갈 것을 권장합니다.

Lesson 03

Teams의 외형 살펴보기 및 각각의 기능들

Microsoft Teams의 생김새를 보면서 간단하게 기능을 살펴보겠습니다. Teams의 외형은 아래 화면과 같은 모습을 보입니다. 물론 안쪽으로 들어가면 더 많은 기능이 있지만 1차적으로 보이는 모습은 이러합니다. 서두에서 설명한 많은 기능이 있음을 알 수 있습니다.

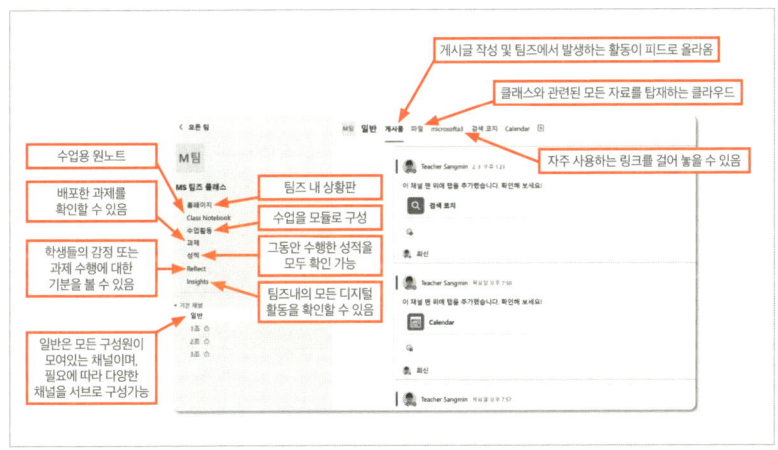

▲ Teams의 모습과 각각의 기능들

이제부터는 Teams의 사례들을 바탕으로 각각의 기능들을 알아보겠습니다.

가장 편리한 파일 공유와 협업

Teams는 수업과 프로젝트성 협업 활동에 매우 편리한 파일 기능 및 탭 추가 기능이 있습니다. 이 기능 중에서 중요한 두 가지가 있습니다.

❶ [파일]-[문서]-[General]-[학습자료] 폴더는 수업용 Teams를 생성하면 자동으로 생기는 파일 저장소인데 이곳에 자료를 넣어 놓으면 교사의 권한(소유자)을 가진 사람만 파일을 삭제하거나 편집할 수 있습니다. 그런 이유로 수정이나 삭제를 하지 않고 다운로드만 해야 하는 파일인 경우에는 이곳에 넣어 놓으면 됩니다.

▲ Teams의 파일 기능과 학습자료 폴더

☞ Teams의 파일 기능을 사용하는 방법이 궁금하다면

https://sway.cloud.microsoft/nZgtC9mR3A1WNV4r?ref=Link
(Microsoft Teams_파일탭 참고)

❷ 또 하나의 편리한 점은 파일을 바로가기 하여 함께 공유 자료로 편집하고 활용할 수 있다는 것입니다. 예를 들어, 팀원이 함께 작업할 엑셀 파일이 있다면 파일 폴더 내에 엑

셀 파일을 업로드하고 상단의 +를 눌러 **[탭 추가]**-**[Excel]**을 선택하면 누구나 볼 수 있는 곳에 공유할 파일이 보이게 됩니다. 아주 편리하게 공유 작업을 할 수 있습니다.

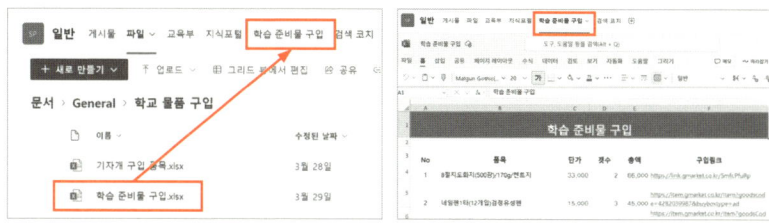

▲ Teams의 파일 기능과 탭 추가 기능

고품질의 화상회의(모임 기능)

Microsoft Teams의 화상회의 기능은 온라인에서 영상과 음성을 통해 실시간으로 소통할 수 있는 협업 도구입니다. 사용자는 간편하게 회의를 생성하고 참가자를 초대할 수 있으며, 상당히 품질이 높은 화상회의 기능을

▲ Teams를 이용한 화상회의 모습과 모임 기능의 다양한 형태

☞ Teams의 화상회의(모임)를 사용하는 방법이 궁금하다면

https://sway.cloud.microsoft/8p6AXPGsRAlyzev5?ref=Link
(Microsoft Teams_화상회의 참고)

제공합니다. 화면 공유, 가상 배경, 회의 녹화, 채팅, 파일 공유, 라이브 캡션(자막), 손들기 기능 등의 매우 다양한 기능이 제공되어 원활한 소통과 협업을 지원합니다. 특히 교육 현장에서는 소그룹 회의실 기능을 통해 소그룹 토론을 진행할 수도 있습니다.

모임의 형태는 웨비나, 타운홀, 수업, 강의, 라이브 이벤트 등의 다양한 형태로 진행할 수 있습니다.

❶ **웨비나**: 등록을 통하여 대화형 이벤트 호스트 진행을 합니다.
❷ **타운홀**: 최대 1만 명의 대규모 대상 그룹을 위한 이벤트 생성에 적합합니다.
❸ **수업**: 학생들은 모임 중에만 채팅을 할 수 있습니다.
❹ **강의**: 학생들은 모임 전과 후에 채팅을 할 수 있습니다.
❺ **라이브 이벤트**: 대규모 온라인 대상에게 스트리밍이 가능합니다. (유튜브 라이브와 유사)

Teams 화상회의(모임)는 각 팀 안에서 바로 진행할 수도 있고, 앞의 사진에 나온 예시와 같이 [일정] 기능을 통해서 Zoom과 유사한 일반적인 화상회의 도구로 사용이 가능합니다.
Teams의 화상회의 기능의 모든 것은 QR의 내용을 통해 차근차근 활용해 볼 것을 추천합니다.

가장 편리한 수업용 노트, Class Notebook

수업용 전자필기장(Class Notebook)은 OneNote 기반의 디지털 필기장으로, 교사와 학생 간의 수업자료 공유와 피드백을 효율적으로 지원합니다. 교사는 수업용 전자필기장에 수업자료를 올려서 공유할 수 있고, 원클릭

▲ Teams 수업용 전자필기장(Class Notebook)의 화면

☞ Teams 수업용 전자필기장의 생성 방법이 궁금하다면

https://sway.cloud.microsoft/X21RoAZ5OOVVfsbN?ref=Link
(Microsoft Teams_수업용 전자필기장 참고)

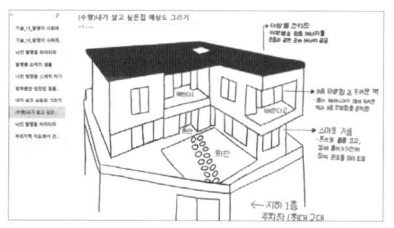 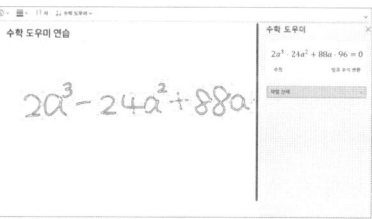

▲ 수업용 전자필기장 수행 과제 사례 및 수학 도우미 기능의 사례

☞ Teams 수업용 전자필기장의 활용 방법이 궁금하다면

https://sway.cloud.microsoft/V7eep8rvSgTnF72Z?ref=Link
(Microsoft OneNote #4 참고)

으로 학생 개인 노트에 필요한 페이지를 배포할 수도 있습니다. 학생은 개

별 공간에서 과제 수행이 가능하고, 교사는 실시간으로 확인하며 피드백을 남길 수 있습니다. 협업 공간에서는 조별 과제 수행도 가능합니다. 그리고 최고의 장점 중 하나는 손글씨나 드로잉으로 과제를 수행할 수 있다는 점입니다. 이뿐만 아니라 수학의 풀이 과정을 돕고 정답을 알려주는 수학 도우미 기능이나 영어 번역 기능 등도 제공합니다.

효과적이고 효율적인 과제 배포와 피드백

Teams에서는 PowerPoint, Excel, Word, OneNote 등 MS 365 플랫폼을 과제 도구로 사용할 수 있습니다. 즉, 단순히 자료를 업로드하고 나누는 것을 넘어 학생들 개개인에게 과제를 배포하고 수합하여 피드백을 제공할 수 있습니다.

사용 방법은 간단합니다. Teams의 [과제]-[만들기]를 통해 과제에 대한 설명을 적으면 되는데, 필요하다면 AI의 도움을 받아 내용을 더욱 풍성하게 만들 수 있습니다. 과제 설명을 간단하게 만든 후에는 과제 설정이 가능합니다. 과제 설정에서도 AI를 이용한 평가 루브릭을 제작할 수 있습니다.

Teams 과제의 좋은 점은 과제를 제출하고 다시 돌려받는 과정이 교사와 학생 간 1:1로 이루어진다는 점입니다. 교사는 학생의 이해 수준에 맞게 개별적으로 피드백을 제공할 수 있습니다. 이는 학생의 완전학습을 위한 발판이 될 수 있습니다. 또한 개별 학습도 가능하게 해주어 학습 결손을 줄이고 학생들의 성취 수준을 높이는 데 효과적이라고 할 수 있습니다.

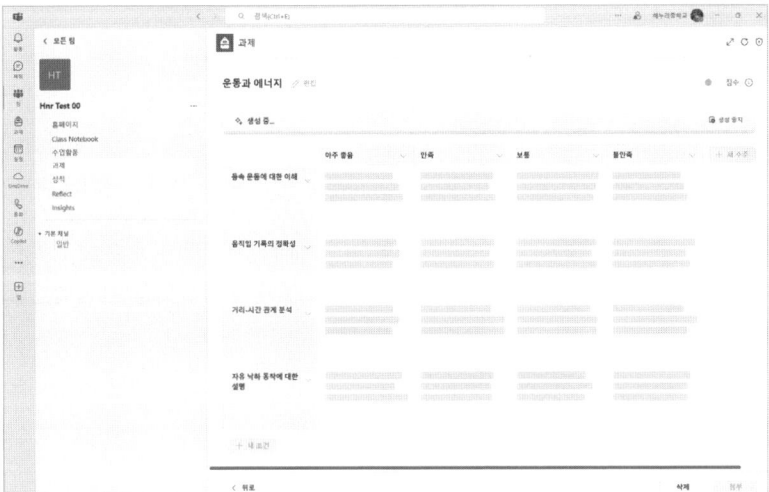

▲Teams AI를 활용한 과제 설명 및 루브릭 생성

☞ Teams AI의 활용 방법이 궁금하다면

https://sway.cloud.microsoft/QdzCKDN78nrrSf7D?ref=Link
(Microsoft Teams_과제 및 성적 참고)

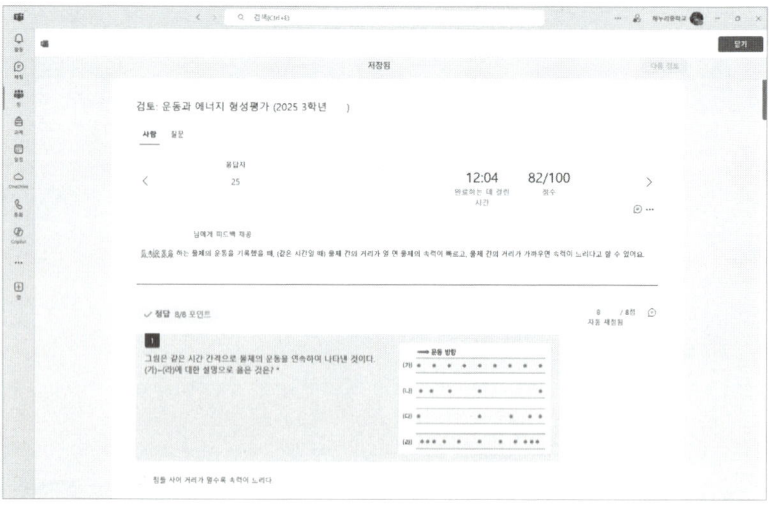
▲Teams 피드백 제공 화면

학습 가속화 도구의 활용

Teams에는 배포할 수 있는 다양한 과제들이 있습니다. 앞선 챕터에서 알아본 것처럼 MS 365 서비스를 과제물로 하거나, Forms의 퀴즈를 연동시키는 방법도 있습니다. 이 외에도 학습 가속화 도구(Learning Accelerators)라는 AI 기반의 학습 보조 도구도 과제로 활용할 수 있습니다. 학생들의 수행을 자동으로 분석하고 피드백을 제공해주기 때문에 개별화 수업을 보다 효율적으로 진행할 수 있도록 도와줍니다.

읽기 진행(Reading Progress)은 특히 영어 교과 시간에 활용도가 높습니다. 학생이 읽는 문장에 대한 피드백을 보조 교사로서 제공합니다. 시간당 말하는 속도와 어조 등을 AI가 분석해 주고 발음 연습이 필요한 단어를 반복 학습할 수 있게 해주어 평가 및 피드백을 더욱 간편하게 진행할 수 있습니다.

두 번째로 검색 진행률(Search Progress)을 사용하여 교사는 학생들이 올바른 자료를 잘 검색했는지도 과제 수행 과정에 추가하여 확인할 수 있습니

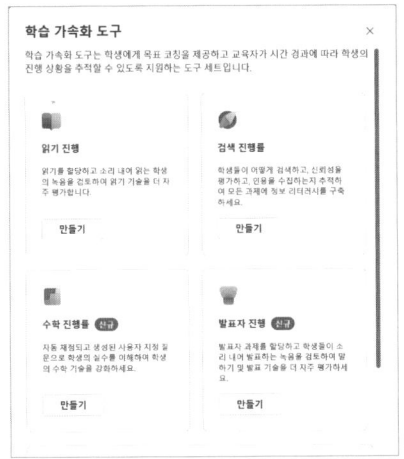

◀ Teams 학습 가속화 도구의 종류

☞ Teams의 학습 가속화 도구 활용 방법이 궁금하다면

https://sway.cloud.microsoft/XAL0LP2yc46WydWn?ref=Link
(Microsoft Teams_Reading Progress 참고)

다. 학생들은 매일 늘어나는 많은 양의 정보 중에서 필요한 정보를 찾는 것을 어려워하는 경우가 있는데, 검색 진행률 과제를 통해 학생들이 찾은 자료에 대해서 피드백을 할 수 있습니다. 예를 들어, 적절한 뉴스 기사를 찾았는지 등을 확인할 수 있습니다.

세 번째로 수학 진행률(Math Coach)을 통해 덧셈부터 로그 및 지수방정식까지 다양한 종류의 연산 문제를 쉽게 생성하여 제공할 수 있습니다. 기본 연산 내용을 문제로 쉽게 만들 수 있어 학생들의 이해도를 교사가 좀 더 빠르고 쉽게 파악할 수 있습니다.

마지막으로 발표자 진행(Speaker Coach)은 학생이 발표 영상을 녹화하여 제출하면, 말의 속도, 반복어 사용, 눈에 띄는 언어 습관 등에 대해 자동 피드백을 제공합니다. 예를 들어, 과학 토론 발표나 프로젝트 발표 연습 과제로 활용하기 좋으며, 교사의 발표 연습용으로도 활용할 수 있습니다.

학생들의 감정을 이해해 주는 Reflect

수업 내용 전달 외에도 학생이 어떤 마음으로 수업에 참여하고 있는지를 파악하는 것도 교사에게는 중요한 학교 일 중 하나입니다. 이는 학업 외적인 감정이나 환경이 수업 태도와 집중하는 정도에 영향을 주기 때문입니다. Microsoft Teams의 Reflect는 교사가 학생의 감정을 파악하고 정서

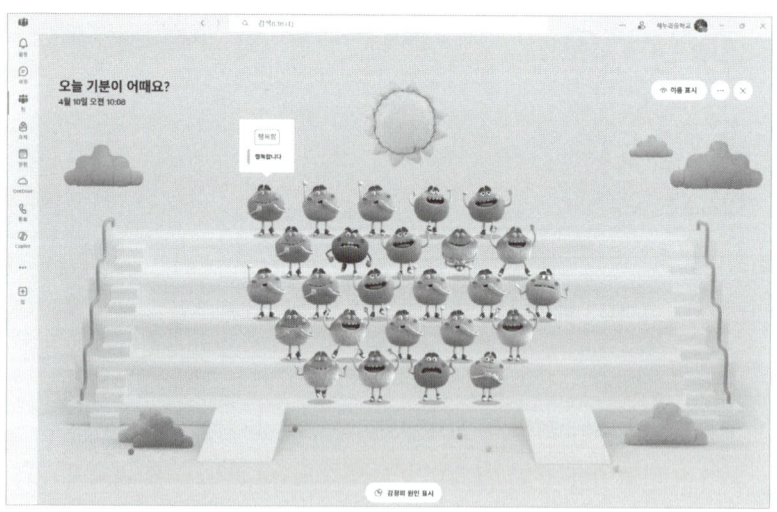

▲ Reflect에서 학생들의 반응 보기

☞ Teams의 Reflect 활용 방법이 궁금하다면

https://sway.cloud.microsoft/fiONkJpTdib7TGBD?ref=Link
(Microsoft Teams_Reflect 참고)

적인 변화를 관찰할 수 있도록 도와주는 도구입니다. Reflect는 수업 전후에 하거나 과제와 함께 제공할 수 있습니다. 예를 들어, 교사는 "오늘 기분이 어때요?" 등의 질문을 던지고 학생은 이에 대해 자신의 감정을 선택합니다.

Reflect는 학기 초, 중간고사 후, 발표 수행평가 이후와 같이 감정 변화가 클 수 있는 시기에 Reflect를 활용하면 학급 전체의 분위기를 파악하는 데 큰 도움이 됩니다. 왜냐하면 학생들은 익명성이 있을 때 개인의 감정을 더 솔직하게 표현하기 때문입니다. 교사는 Reflect에서 수집된 데이터를 바탕으로 상담이 필요한 학생을 조기에 발견하거나, 감정 기복이 큰 학생에게 추가적인 상담을 제공할 수 있습니다. 또한 학급 전체의 감정 데이터를 분석하고, 이를 수업 설계에 반영할 수도 있습니다.

Insights

학생들이 수업에 얼마나 참여하고 있는지, 과제를 제대로 제출하고 있는지를 파악하는 것도 중요한 요소입니다. 하지만 전체 학생의 모든 활동을 수업 중에 일일이 관찰하여 기록하는 것은 쉽지 않습니다. 이때 Microsoft Teams의 Insights 기능을 활용하면 수업 중 학생들의 활동 기록을 시각화한 데이터로 쉽게 파악할 수 있습니다.

Insights에서는 과제 제출 현황, Teams에서의 활동 정도, Reflect 데이터 등을 자동으로 수합하여 교사에게 시각적으로 제시합니다. 교사는 Insights를 보고 학급의 수업 참여도와 어떤 활동을 언제 하는지 등을 확인할 수 있습니다.

예를 들어, 특정 학생이 최근 과제 제출이나 상호작용(반응 등)이 줄어들었을 때 Insights를 통해 학생의 변화를 파악할 수 있습니다. 이를 바탕으

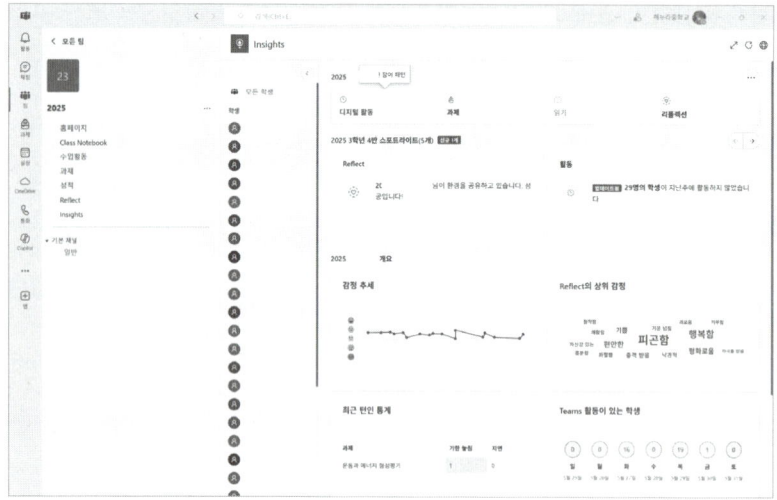

▲ Insights에서 학생들의 반응 보기

☞ Teams의 Insights 활용 방법이 궁금하다면

https://sway.cloud.microsoft/CC5YCG7028tt7FFF?ref=Link
(Microsoft Teams_Insights 참고)

로 학생에게 적절한 피드백이나 상담을 할 수 있으며, 과제 점수가 낮은 경우 보충 학습을 하는 등 다양한 지원을 할 수 있습니다. 이러한 점에서 Insights는 교사의 눈과 손을 확장해 주는 유용한 도구입니다.

그 밖의 기능들

앞서 알아본 기능 외에도 Teams는 매우 다양한 기능을 제공합니다.

❶ **채팅 기능**: 채팅을 활용하여 교사의 연락처를 제공하지 않고도 학생들과 편하게 메시지를 주고받을 수 있습니다.

❷ **비공개 채널 기능**: 조별 활동을 진행할 때 하나의 Teams 안에서 조를 나누어 조별 과제를 진행하도록 할 수 있습니다.

❸ **앱 및 탭 추가 기능**: MS 365 플랫폼뿐만 아니라 웹사이트 등 외부 자료를 상단 탭에 고정할 수 있습니다. 따라서 학생들은 Teams 안에서 모든 것을 할 수 있습니다.

❹ **다른 플랫폼과의 연동**: 앱 추가 기능을 통해 다양한 교육용 도구들과 연동할 수 있습니다.

지금까지 Microsoft Teams의 기능을 학교에서 어떤 방식으로 활용할 수 있는지 살펴보았습니다. 수업 준비부터 과제 할당, 감정 데이터 점검, 학습 데이터 시각화 및 분석까지 모든 교육 활동을 하나의 플랫폼 안에서 처리할 수 있다는 점에서 Teams는 학교에 매우 적합한 LMS(Learning Management System)입니다. 약간의 과장을 보태자면 학교에서 이루어지는 모든 수업을 Teams 하나로도 충분히 운영할 수 있습니다. 또한 Teams를 업무에 활용하여 부서별 채널을 구축한다면 학교 업무도 Teams 하나의 플랫폼에서 모든 운영이 가능합니다.

지면에 다 담지 못한 기능은 https://microsofta3.com/ 사이트에서 Teams 부분을 차근차근 읽어가며 따라 해 보면 더욱 많은 Teams의 기능과 활용법을 경험할 수 있을 것입니다. 수업, 소통, 협업까지 한 번에 해결하고 싶다면 Microsoft Teams를 추천합니다.

Chapter 6

함께 구성하는
학급 홈페이지,
Loop

Lesson 01

Loop의 필요성

학교 현장에서 학급 운영에 필요한 여러 정보가 다양한 경로로 학생들에게 전달되고 있습니다. 시간표는 칠판에 게시되거나 모바일 앱으로 확인해야 하며, 학사 일정은 학교 홈페이지에 게시되거나 구두로 전달됩니다. 출결 서류는 학교 홈페이지에 게시되어 있음에도 불구하고 학생들이 가져오는 양식은 매번 다르기도 합니다. 또한 수행평가 알림 종이를 칠판에 게시하더라도 바람에 날려 바닥에 돌아다니기도 합니다. 이렇게 필수적으로 전달되어야 하는 내용이 알림장, 교실 게시판 또는 단체 채팅방과 여러 플랫폼, 그리고 구두 전달로 흩어져 있습니다. 이로 인해 학생들은 중요한 정보를 놓치거나 뒤늦게 확인하는 경우가 발생하고, 교사는 같은 내용을 반복적으로 안내해야 하는 번거로움을 겪고 있습니다. 또한 외부 플랫폼을 사용할 때는 광고 노출이나 외부인의 접근, 보안 문제 등 추가적인 어려움이 따르게 됩니다.

이러한 이유로 학교 현장에서는 더욱더 효율적이고 안정적인 학급 운영을 지원할 수 있는 다양한 플랫폼의 필요성이 증가하고 있습니다. 교사와 학생 모두에게 쉽게 직관적으로 사용 가능하면서도 안정성과 보안성을 갖춘 무언가가 요구되는 상황입니다.

이러한 고민과 필요성에 더해 교사 혼자서 일방적으로 전달하는 학급 홈페이지가 아닌 함께 구성할 수 있는 도구를 찾다가 활용하게 된 것이 Microsoft의 Loop입니다. Loop는 같은 도메인을 사용하는 사용자만 학급 홈페이지에 접근할 수 있어 보안이 철저하고, 우리만의 공간을 광고 없이 협업을 통해 꾸밀 수 있도록 해줍니다.

이번 챕터에서는 학교 현장에서 Microsoft Loop로 어떤 일을 수행할 수 있는지, 구체적으로 어떻게 활용하고 Microsoft의 어떤 플랫폼과 연동이 되는지를 실제 사례와 함께 제시하겠습니다. 새로운 도구의 도입이 부담스러울 수도 있지만, Loop는 분명히 교사와 학생 모두가 함께 '우리들만의 학급 홈페이지'를 만들 수 있는 효과적인 도구가 될 수 있습니다.

Lesson 02

Loop로 만드는 학급 홈페이지

Loop에서 제공하는 다양한 기능을 활용하여 다음과 같이 학급 홈페이지를 구성할 수 있습니다.

❶ **홈페이지 소개**: 기본적인 텍스트를 입력해서 학급 홈페이지 소개 문구를 만들 수 있습니다. 홈페이지 소개 문구 아래에 필요한 내용을 넣어 홈페이지를 더욱 알차게 구성할 수 있습니다.

❷ **시간표 제공**: 표 기능을 활용하여 시간표를 만들어 둘 수 있습니다.

❸ **학사 일정 알림**: 학생들이 궁금해하는 학사 일정을 D-Day 카운트 형식으로 제공할 수 있습니다.

❹ **1인 1역 게시**: 학생이 맡은 일을 학급 홈페이지에 게시함으로써 학생들의 책임의식을 더욱 높일 수 있습니다.

❺ **종례 사항 알림**: 귀가하기 전 학생들에게 전달하는 종례 사항은 명확히 전달되지 않을 수 있습니다. 전달 사항을 한 번 더 텍스트로 전달할 수 있습니다.

❻ **수행평가 알림**: 여기저기 흩어져 있는 수행평가 알림을 Loop 구성 요소 기능을 활용

하여 쉽게 수정하고 전달할 수 있습니다.

❼ **학급 건의함**: 학급 건의함 페이지에 원하는 내용을 입력하고 투표를 할 수 있습니다.

❽ **우리 반 사진첩**: OneDrive의 파일 요청 기능과 공유 기능을 활용하여 학급 사진첩을 만들어 둘 수 있습니다.

❾ **출결 양식 모음**: 해당 연도의 최신 양식을 학생들에게 좀 더 쉽게 제공할 수 있습니다. 파일 제공은 OneDrive의 폴더 공유 기능을 활용하면 됩니다.

이 모든 것을 Loop라는 하나의 툴만으로 우리 반의, 우리 반을 위한, 우리 반에 의한 학급 홈페이지를 만들 수 있습니다.

Lesson 03

Loop 사용 방법

Microsoft Loop는 MS 365 플랫폼에 포함된 비교적 새로운 도구이지만, 학급 운영이나 수업 등에 직관적으로 사용할 수 있는 협업을 위한 툴입니다. 동기화되는 속도가 매우 빠르다는 장점과 협업을 위한 설계 구조는 교사들에게 실질적인 도움이 됩니다. Office 제품처럼 Loop 또한 별도의 설치 없이 https://office.com/ 또는 https://loop.microsoft.com/에 교육청 라이선스가 부여된 MS 계정으로 로그인하면 웹 기반으로 사용할 수 있습니다.

또한 Loop는 모바일 앱을 지원하고 있어 스마트폰이나 태블릿에서도 쉽게 사용할 수 있습니다. 스마트폰을 통한 학급 홈페이지 확인 및 문서 열람, 체크리스트 작성, 이미지 업로드 등도 가능하여 교사나 학생 모두가 인터넷만 연결되어 있다면 언제 어디서든 Loop에 접근하고 활용할 수 있는 장점이 있습니다.

내 컴퓨터에 Loop 앱 버전을 설치하고 싶다면, 윈도우 시작 메뉴에서

Microsoft Store를 검색한 후 'Loop'를 다운로드하면 됩니다.

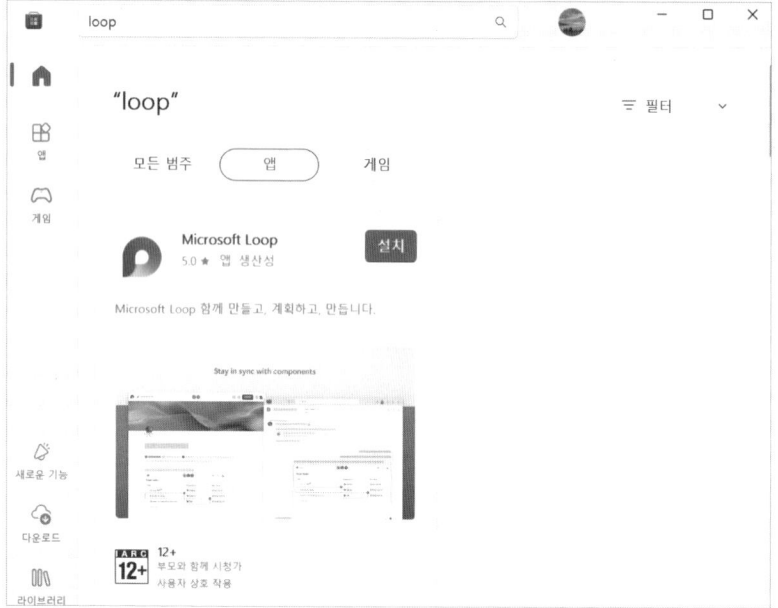

▲ Microsoft Store에서 Loop 다운로드하기

Lesson 04

Loop를 활용하여 학급 홈페이지를 구성하는 방법

Loop로 우리 반 학급 홈페이지를 구성하는 방법을 사례와 함께 살펴보겠습니다.

텍스트로 작성하는 홈페이지 소개

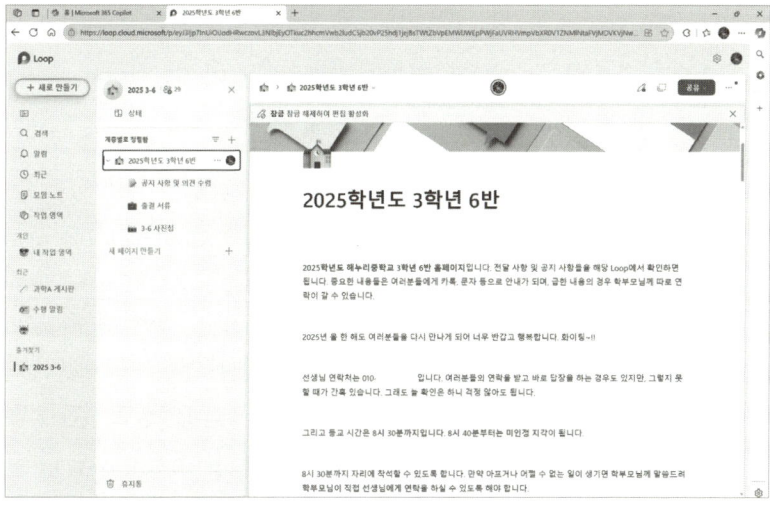

▲ Loop로 만든 학급 홈페이지 화면

☞ 더 자세한 Loop의 구조가 궁금하다면

https://sway.cloud.microsoft/nFTDHGJZDPXVsGY8?ref=Link
(Microsoft Loop #1 참고)

Loop에서 가장 기본이 되는 구성 방식은 바로 '텍스트 블록'입니다. Loop의 텍스트 블록은 일반적인 문서 작성 도구처럼 제목, 본문, 단락 등을 입력할 수 있습니다. 단계를 고려해서 전반적인 홈페이지의 소개를 할 수 있으므로 학급 홈페이지의 첫 화면에 가장 적절하다고 볼 수 있습니다.

홈페이지의 첫 화면에서는 보통 홈페이지 소개, 담임 소개와 주요 안내 사항 등이 담기게 됩니다. 내용을 담을 때 중요한 포인트에는 굵기와 색상을 다르게 해주는 것도 좋습니다.

이처럼 Loop의 텍스트 구성 기능은 단순한 텍스트 입력을 넘어서, 학생들과 함께 만들어가는 홈페이지의 첫인상을 나타내는 유용한 도구입니다. 글머리 기호, 하위 목록, 강조 텍스트 등을 자유롭게 활용할 수 있어서 교사와 학생이 함께 참여해 내용을 정리하고 공유하는 데 적합합니다.

시간표

시간표는 시간표 알림 앱이나 학교 칠판 게시판에서 자주 확인하게 되는 핵심 정보 중 하나입니다. 특히 매주 정해진 수업 외에도 창체의 날, 학교 행사 등으로 바뀔 수 있기 때문에 Loop에 구성된 시간표는 실시간 수정이 가능하다는 점에서 매우 유용합니다. 만약 학급 내 1인 1역으로 시간표 담당 학생이 있다면 Loop 구성 요소를 활용하여 시간표 변동이 있을 때 학생이 직접 수정하도록 하여 역할에 대한 책임의식을 제고할 수 있습니다.

Loop 구성 요소와 관련된 내용은 후반부 종례 항목에서 다시 설명하겠습니다.

Loop의 표 기능은 시간표를 정리하는 데 매우 적합합니다. 시간표 이미지를 삽입하여 두어도 좋지만, 로딩 시간과 화면 최적화를 고려하여 표로 제시하면 쾌적한 사용환경을 제공할 수 있습니다. Loop 내부에서 직접 표를 생성하고 내용을 수정할 수 있어 학급 시간표를 조금 더 유연하게 바꿀 수 있습니다.

▲ 학급 홈페이지 시간표

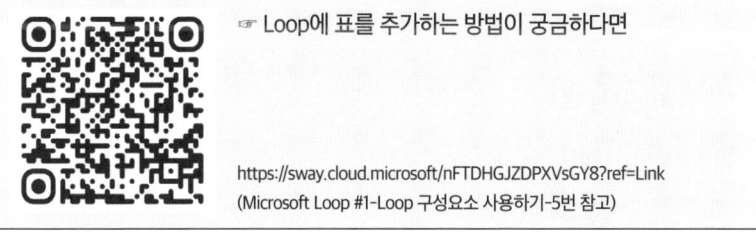

이처럼 Loop를 활용한 시간표 구성은 단순히 정보를 전달하는 역할뿐만

아니라, 학생의 자기주도적 시간관리와 책임의식을 향상시키는 역할도 담당할 수 있습니다.

학사 일정 알림

학기 중에는 상담 주간, 시험 등이 있고, 특히 어느 달에는 학교 행사 등 놓치면 안 되거나 학생들이 기대하는 체육 한마당, 소규모 테마 여행, 축제, 방학일 등과 같이 중요한 일정들이 있습니다. Loop에서는 '날짜' 기능을 활용하여 학사 일정을 시각적으로 명확하게 정리할 수 있습니다. 날짜를 선택하면 자동으로 '요일'과 'D-Day'와 같은 정보가 함께 표시되어 학생들이 학교 일정을 조금 더 쉽게 확인할 수 있습니다.

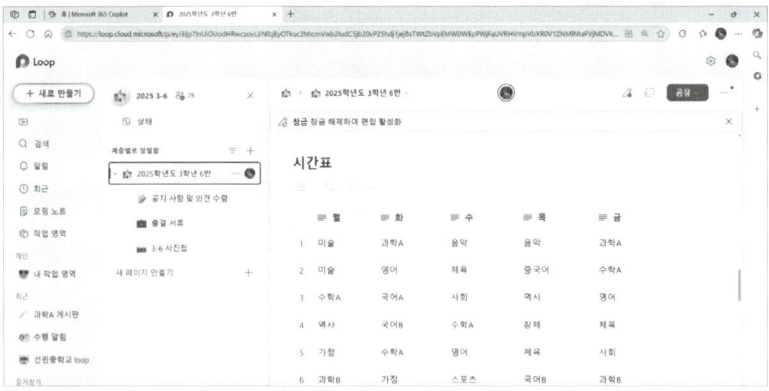

▲ 학급 홈페이지 학사 일정

☞ Loop에 여러 가지 구성 요소를 추가하는 방법이 궁금하다면

https://sway.cloud.microsoft/nFTDHGJZDPXVsGY8?ref=Link
(Microsoft Loop #1-Loop 구성 요소 사용하기 참고)

또한 개조식으로 길게 나열되는 것은 '축소 가능한 머리글' 형식을 사용하면 됩니다. 이렇게 하면 Loop 페이지 안에서 월별 항목을 접거나 펼칠 수 있어서 월별 일정이 많아도 페이지가 복잡해지지 않고 깔끔하게 유지됩니다. 이러한 구성을 활용하면 학생들은 단순히 일정을 '보는 것'을 넘어 일정을 '인식하는 것'에도 도움이 될 수 있습니다.

1인 1역

학급을 운영할 때 학생들에게 자율성과 책임감을 부여하는 것은 매우 중요합니다. 이를 위해 많은 담임 교사들이 '1인 1역' 활동을 계획하지만, 보통은 칠판 게시판에 종이로 게시하거나 업무용 PC 폴더에 파일로만 저장하는 경우가 많습니다. 하지만 Loop를 활용하면 이러한 역할 분담을 마치 회사에서의 업무 관리처럼 구체적이고 시각적으로 구성할 수 있습니다.

아래 제시된 사례에서는 표와 체크 박스 그리고 할당 대상을 함께 표시하여 학생 개개인의 역할을 명확히 가시화하고 있습니다. 이렇게 구성하면

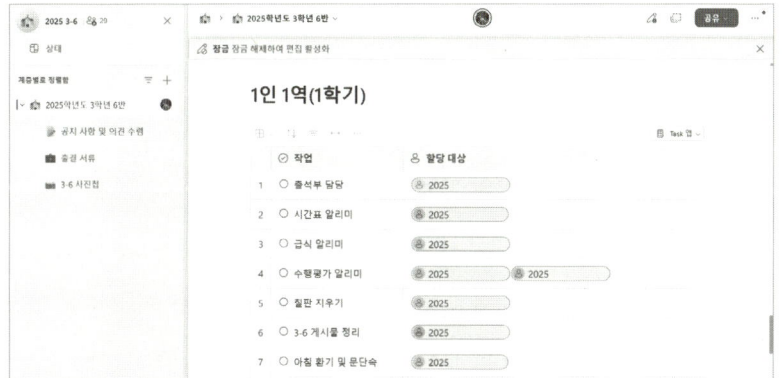

▲ 학급 홈페이지 1인 1역 예시

학생과 교사 모두가 쉽게 확인하고, 필요한 경우 실시간으로 수정할 수도 있습니다.

이처럼 Loop에 역할 분담표를 게시하면 단순한 안내 수준을 넘어서, 학생들에게는 자신이 맡은 업무에 대한 책임감을 자연스럽게 길러주는 효과가 있습니다. 특히 시간표나 급식 안내처럼 실시간 정보가 필요한 역할의 경우, 담당 학생이 직접 내용을 수정하도록 하면 Loop를 통해 학생 주도적 운영 문화를 만들 수 있습니다.

또한 이 방식은 단순한 학급 활동을 넘어 미래 사회 구성원의 역할과 조직 내 협업 경험을 학습할 기회로도 이어집니다. 교사도 전체 역할 현황을 한눈에 파악하고 관리할 수 있어서 효율적입니다.

종례 사항

Loop의 강력한 기능 중 하나는 페이지를 전체 잠금한 상태에서도 특정 구성 요소만 선택적으로 수정할 수 있다는 점입니다. 이 기능을 활용한 사례를 이 책에서는 '종례 사항, 수행평가 알림, 학급 건의 사항'으로 제시하고자 합니다.

Loop 페이지 자체는 읽기 전용으로 설정하여 학생들이 내용을 임의로 변경하지 못하도록 하고, 종례 내용은 Loop 구성 요소로 삽입한 후 Microsoft Teams의 나와의 채팅에 보내둡니다. Teams 채팅에서 교사가 중요한 내용이 있을 때마다 내용을 업데이트하면, Loop의 전체 구조는 유지하면서도 종례 내용만 유동적으로 바꿔 쓸 수 있습니다. Teams 채팅뿐 아니라 Outlook, Teams 게시물에서도 Loop 구성 요소를 사용할 수 있으며, 동기화 속도는 매우 빠릅니다.

▲ 학급 홈페이지 종례 사항과 Teams 채팅

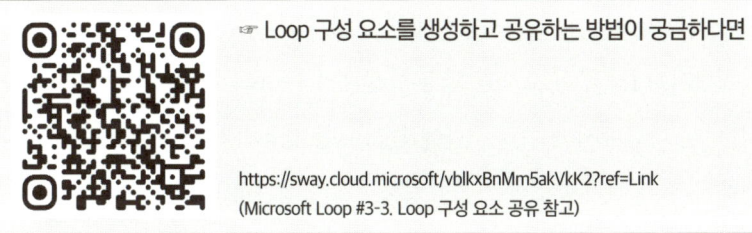

이는 특히 중요한 공지사항이 매일 달라지는 종례 시간에 매우 유용하며, 학생들이 전달 사항을 놓치지 않도록 도와줍니다.

수행평가 알림

'종례 사항'에서 사용하는 방식 외에도 Loop 구성 요소는 교사가 단독으로 사용하는 데 그치지 않고 학생들과 함께 협업 공간을 운영하는 도구로

▲ 학급 홈페이지 수행평가 알림 예시

도 확장하여 사용할 수 있습니다. 수행평가 일정처럼 항목이 많고, 과목별로 주기적인 업데이트가 필요한 경우에는 수행평가 알림 1인 1역을 맡은 믿음직한 학생에게 Loop 구성 요소를 공유하여 운영할 수 있습니다. 이는 학생의 책임감과 자기주도성을 기를 수 있는 좋은 방법이기도 합니다.

다음 사례에서는 학급 홈페이지에 '수행평가 알림' 관련 Loop 구성 요소를 배치하고, 해당 구성 요소를 담당 학생과의 Teams 채팅을 통해 공유했습니다. 본 학급에서는 수업 시간에 Teams를 활용하기에 학생이 Teams 채팅에 자주 들어가므로 매우 효율적으로 수행평가 알림을 업데이트하고 있습니다. 또한 수행평가 알림 Loop 구성 요소가 있는 페이지를 하나 더 구축하여 담당 학생에게 편집 권한을 부여하여 사용할 수 있습니다.

▲ 수행평가 알림 Teams 채팅과 수행평가 알림용 새 Loop 페이지

이렇게 하여 학급 홈페이지 전체는 교사만 편집할 수 있게 잠금되어 있고, 구성 요소만 학생이 관리하는 방식이기 때문에 종례 사항과 마찬가지로 전체 구조를 해치지 않으면서도 학생 주도 홈페이지 운영이 가능하도록 해 두었습니다. 즉, Loop를 단순히 '공지용 게시판'이 아닌 '함께 만들어가는 학급 시스템 플랫폼'으로 발전시켜 사용한 예시라고 할 수 있습니다.

학급 건의 사항

교사가 학급을 운영하면서 학생들의 의견을 듣고 반영하는 것은 매우 중요합니다. 물론 모든 의견을 다 반영할 수는 없지만, 의견을 내는 법과 조율하는 것을 배우는 것은 민주 시민 역량을 기르는 데 도움이 됩니다. 학급회의 시간에만 의견을 제시할 기회를 주면 자유롭게 의견을 제시하기 어렵거나, 작성된 의견이 교사에게 제대로 전달되지 않는 경우가 많습니다. 이러한 문제를 해결하기 위해 Loop를 활용한 디지털 학급 건의함을 운영할 수 있습니다. 학급 건의함을 운영하는 두 가지 방법을 알아보겠습니다.

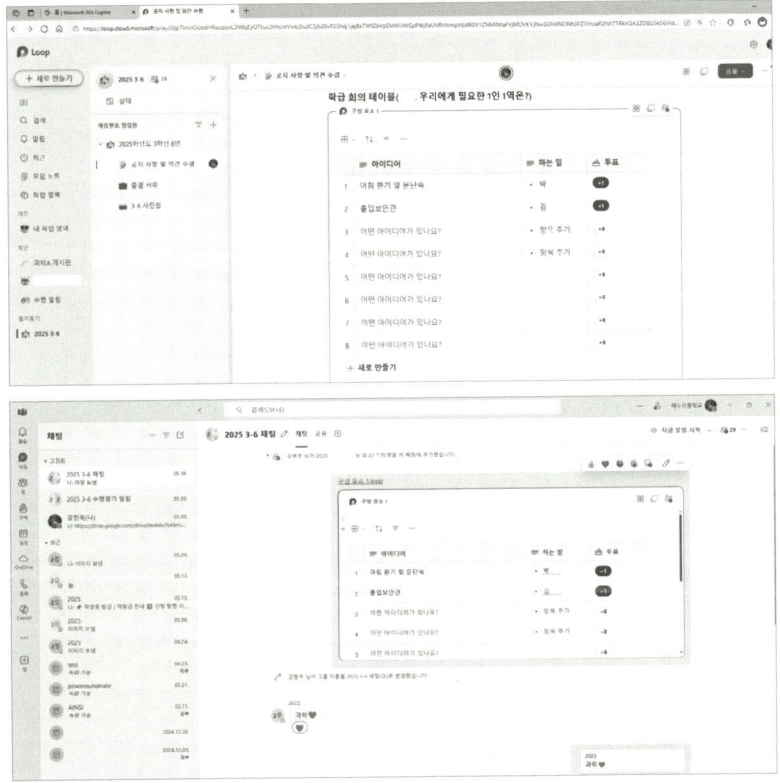

▲ 학급 건의함과 Teams 전체 채팅 예시

❶ Loop 하위 페이지를 생성하여 건의함 표를 만드는 방식입니다.

이 페이지는 교사가 생성하고, 학생들에게 편집 권한을 부여하여 언제든지 의견을 추가하거나 수정할 수 있도록 합니다.

❷ Loop 구성 요소를 Teams 채팅에 업로드하여 접근성을 높이는 방법입니다.

이 방법의 경우 Teams 채팅은 학생들이 자주 사용하는 소통 도구여서 언제든지 건의 사항을 등록하거나 확인할 수 있습니다.

위 사례에서는 접근성이 좋아야 더 많은 의견이 모이게 될 것으로 생각하여 두 가지 방법을 혼용하여 사용하고 있습니다. 그리고 학급 건의함을 Loop로 만들면 투표 기능을 활용하여 학생들 사이에서 가장 공감받는 의견을 파악할 수 있다는 장점 또한 있습니다. 자기 생각을 표현하고 공감하는 자율성과 민주적인 의사소통 역량을 Microsoft 하나의 플랫폼에서 기를 수 있습니다.

사진첩과 출결 양식

마지막으로 소개할 학급 홈페이지 구성 요소는 사진첩 페이지와 출결 양식 페이지입니다. 이 두 페이지는 학급 메인 홈페이지의 하위 페이지로 구성되어 있습니다. 이 두 페이지는 모두 OneDrive의 기능을 연동하여 자동화된 방식으로 관리합니다. 이렇게 하면 학생과 담임 교사 모두에게 편리함을 제공하고, 자료를 안전하게 저장하고 쉽게 공유할 수 있습니다.

❶ 사진첩 페이지는 학급의 다양한 활동을 기록하고 공유할 수 있는 공간입니다.

졸업 앨범에 넣을 사진이나 일 년 동안의 추억을 함께 모으기 위해

OneDrive의 파일 요청 기능을 활용하여 운영하고 있습니다. 학생들은 파일 요청 링크에 들어와 주제별로 사진을 업로드하고, 교사는 모은 사진들을 분류하고 관리합니다. Loop가 외부인의 접근을 제한하고 있어서 우리 반만의 사진첩을 만들 수 있습니다.

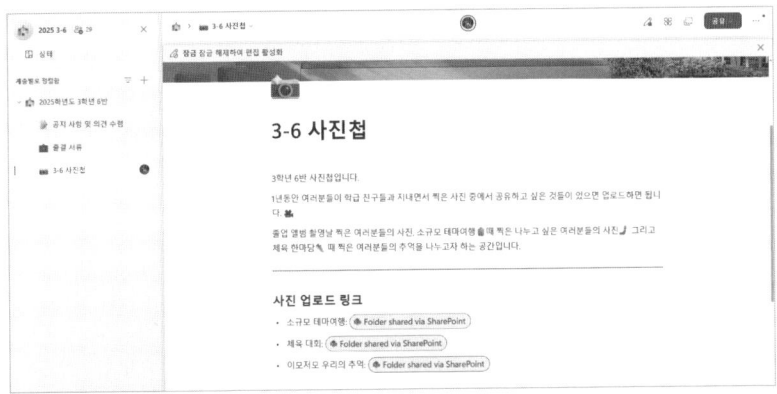

▲ 사진첩 Loop 페이지

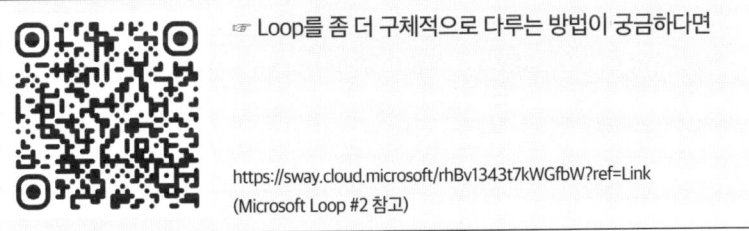

❷ 학생들이 매번 다르게 가져오는 결석계와 체험학습 신청서 및 보고서 양식을 통일하기 위해 출결 서류 페이지를 운영하고 있습니다.

OneDrive에 출결 양식을 저장한 후 파일 공유 링크를 Loop에 추가하여 학생들이 언제든지 확인할 수 있도록 해두었습니다.

▲ 출결 서류 Loop 페이지

지금까지 학교에서 Loop를 학급 홈페이지로 어떻게 활용할 수 있는지를 알아보았습니다. Loop는 단순한 문서 편집 도구를 넘어 학생들과 담임 교사(또는 교과 교사)가 함께 만들어가는 협업 공간으로, 학급의 모든 활동을 하나의 플랫폼에서 체계적으로 관리할 수 있도록 도와줍니다. 특히 다른 MS 도구들과의 연동을 통해 동기화된 협업 환경을 제공하고, 교사 혼자서 정보를 일방적으로 전달하는 것이 아닌 학생들과 함께 학급 홈페이지를 구성하고 운영할 수 있다는 점에서 교육적 가치가 크다고 생각합니다. 그 과정에서 학생들은 정보를 일방적으로 전달받는 수동적인 입장을 넘어선 자율적인 태도를 배울 수 있습니다. 이 책에서 다룬 내용 외에도 Loop는 다양한 곳에 사용될 수 있는 잠재력이 높은 도구입니다.

지면에 다 담지 못한 기능은 https://microsofta3.com/ 사이트에서 Loop 부분을 차근차근 읽어가면서 여러 기능을 사용해 보면 Loop의 편리함과 다른 MS 플랫폼과의 연동성을 경험할 수 있을 것입니다. 학생들과 함께 구성하고 운영하는 학급 홈페이지 Loop를 추천합니다.

Chapter 7

학교 업무와 수업을 돕는 생성형 AI, Copilot

Lesson 01

Copilot은 교사의 업무 부담을 덜어주는 유용한 도구

학교는 수업 준비, 학생 지도, 평가, 각종 행정 업무가 매일 동시에 진행되는 복합적인 공간입니다. 이들 업무는 성격과 문서 형식이 모두 달라서 교사들은 체계적인 자료 관리와 효율적인 업무 처리가 쉽지 않은 것이 현실입니다. 특히 행정 문서 작성, 회의록 정리, 공문 확인 등은 수업 외적인 노동의 양을 많이 증가시키며, 정작 수업에 집중할 수 있는 시간을 줄이게 됩니다.

이러한 상황에서 Microsoft Copilot은 교사의 업무 부담을 덜어주는 유용한 도구입니다. 반복적이고 시간이 많이 드는 행정 업무를 더욱 손쉽게 정리할 수 있도록 도와주며, 수업 설계와 학습자료 개발, 학생 맞춤형 피드백 제공 등 교육 활동 전반에서도 실질적인 지원을 제공합니다. 교사는 Copilot의 도움을 받아 본연의 역할인 교수 학습에 더 집중할 수 있으며, 교수자의 시간을 절약하는 관점에서 교사의 연구 시간을 보장받아 이는 곧 수업의 질 향상으로 이어질 수 있습니다.

이처럼 Microsoft Copilot은 단순한 기술 도구를 넘어 학교 현장의 복잡한 업무 환경을 지원하고 교육의 본질에 집중할 수 있게 해주는 강력한 교육 솔루션으로 작용할 수 있습니다.

Lesson 02
Copilot의 보편적 기능

Copilot의 기능은 MS 365 기반의 업무 도구에 통합되어 있습니다. 개인용 Copilot과 MS 365 전용 Copilot은 모두 다음과 같은 보편적 기능을 제공합니다.

❶ **콘텐츠 생성 및 요약**: 사용자가 입력한 텍스트나 문서를 기반으로 요약, 재작성, 확장, 개선 등의 작업을 수행할 수 있습니다.

❷ **문서 이해 및 구조화**: 문서 내용을 빠르게 분석하고 필요한 핵심 정보를 정리하거나 표, 목록 등의 구조화된 형태로 재구성할 수 있습니다.

❸ **데이터 분석 및 시각화**: 엑셀 데이터를 기반으로 자동 분석하고 시각 자료(차트, 그래프)로 변환하여 데이터 분석의 해석에 도움을 받을 수 있습니다.

❹ **메시지 및 이메일 내용 관리 및 정리**: 회의 일정 제안, 이메일 초안 작성, 회신 정리 등의 업무를 도와줍니다.

❺ **회의 기록 및 요약**: 윈도우 음성 받아쓰기 기능과 함께 사용하여 음성을 실시간으로 받아쓰기하고, 주요 내용을 요약해 회의록 형태로 제공할 수 있습니다.

❻ **다국어 번역 및 어학 학습 도우미**: Copilot은 60개 이상의 언어에 대해 실시간 번역 및 이해를 지원하며, 다문화 환경에서의 원활한 의사소통뿐만 아니라 외국어 학습에도 유용한 도우미 역할을 수행할 수 있습니다. 특히 학생과 교사 모두가 언어 장벽을 넘어 더 효과적으로 소통하고 학습할 수 있도록 도와줍니다.

Copilot의 이러한 보편적 기능은 교실, 회의, 문서 작성 등 교육 현장의 다양한 업무 상황에서 유용하게 활용됩니다. 단순한 자동화 수준을 넘어 사용자와 상호작용하며 창의적인 업무를 함께 수행할 수 있다는 점에서 큰 교육적 의미를 가집니다. 특히 교사와 학생이 Copilot을 적극 활용할수록 디지털 문해력과 업무 효율성을 높이는 계기가 될 것입니다.

Lesson 03

Copilot의 종류 및 기본 설치 방법

Copilot은 Microsoft Store를 통해 다운로드를 할 수 있으며, 웹 브라우저, 데스크톱 앱, 모바일 앱 등 다양한 플랫폼에서 사용이 가능합니다. 개인용 Copilot(무료 또는 유료 구독 기반)과 MS 365 Copilot Chat(조직용 계정 기반)은 기능상 일부 차이가 있으나, 모두 MS 계정으로 로그인하여 사용할 수 있습니다. 특히 교육 현장에서는 두 버전 모두를 병행 활용하여 교사와 학생의 다양한 업무와 학습을 동시에 지원할 수 있습니다. 이 책에서는 MS 365 Copilot Chat을 중심으로 설명합니다.

☞ Copilot의 자세한 사용 방법이 궁금하다면

https://www.microsoft.com/ko-kr/microsoft-copilot/for-individuals에서 확인할 수 있습니다.

내 컴퓨터에 Copilot이 설치되어 있는지 궁금하다면 윈도우 시작에서

Copilot을 검색하면 됩니다.

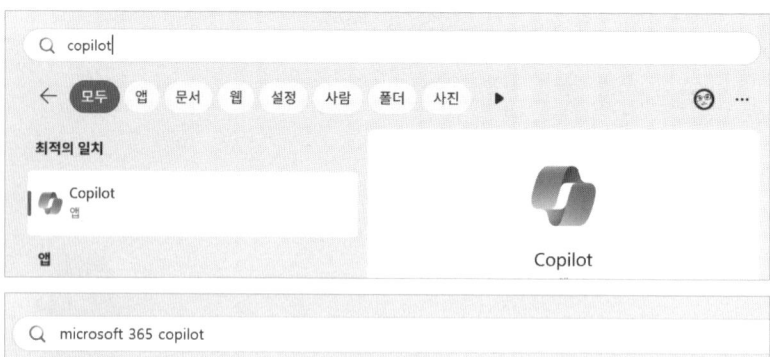

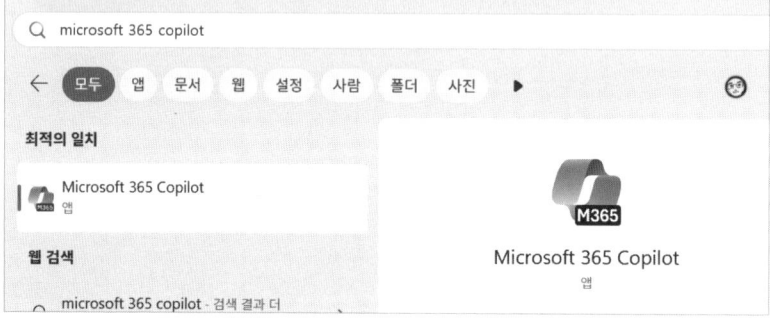

▲ MS Store에서 Copilot 및 MS 365 Copilot을 검색하여 무료로 설치할 수 있습니다.

☞ Copilot의 종류 및 기본 설치 방법이 궁금하다면

https://sway.cloud.microsoft/gHIuPIE8S9zb5XvR?ref=Link
(Copilot #1 코파일럿 설명 참고)

Lesson 04

Copilot 인터페이스의 이해

Microsoft Copilot은 단독으로 작동하는 인공지능 플랫폼이라기보다 Microsoft 생태계 내 다양한 앱과 유기적으로 연동되는 보조형 AI 도구로 이해하는 것이 적절합니다. Copilot은 Word, Excel, PowerPoint, Outlook, Teams는 물론 Edge 브라우저와 같은 다양한 MS 365 환경에 통합되어 작동합니다.

특히 웹 기반 Copilot(Chat for Web)을 기준으로 하면, 그 인터페이스 구조와 기본적인 상호작용 흐름을 직관적으로 이해할 수 있습니다. 웹 Copilot은 좌측에는 사용자 입력 영역, 우측에는 응답과 제안 기능이 나타나는 구조로 구성되어 있으며, 검색 기능, 문서 분석, 요약, 문장 생성, 번역 등 다양한 작업을 지원합니다.

또한 Copilot은 Teams와의 연동을 통해 회의록 자동 생성, 회의 내용 요약, 업무 요청 자동화 등의 기능도 수행할 수 있습니다. 다음 예시 화면처럼, Copilot은 웹 인터페이스뿐만 아니라 Teams 내부에 통합된 모습으로도 나타나며, 이처럼 각 Microsoft 앱의 오른쪽 패널이나 사이드바 영역에서 Copilot이 동작하는 형태가 일반적입니다.

결국, Copilot은 '하나의 독립적인 플랫폼'이 아니라, 기존 모든 MS 365 앱에 유기적으로 연결되는 방식으로 발전하고 있습니다. 따라서 Copilot을 이해할 때는 웹 기반 인터페이스를 기준으로 기능을 익히고, 이후 각 앱과의 연동 방식으로 확장해 나가는 방식이 효과적입니다.

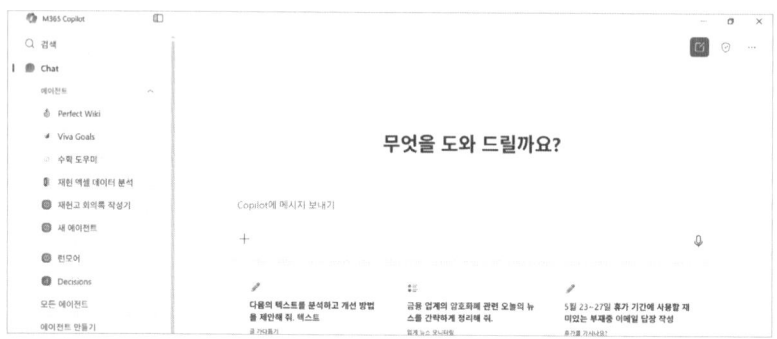

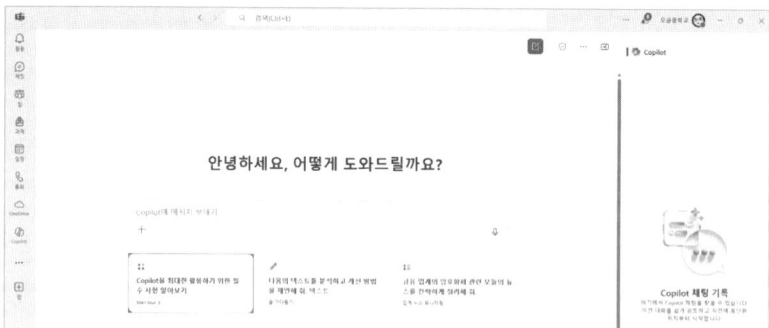

▲ 위는 MS 365 Copilot Chat 웹 코파일럿, 아래는 Teams에서 Copilot Chat을 활용하는 화면

📖 Copilot 인터페이스를 이해하고 싶다면

https://sway.cloud.microsoft/ugfPDDGyHXOM1Ely?ref=Link
(Copilot #3-1. Web Microsoft Copilot 인터페이스 참고)

Lesson 05

Copilot과 Edge 브라우저를 연동하고 활용하는 방법

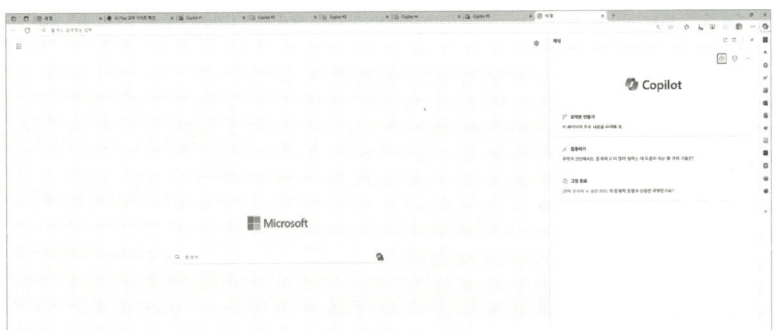

▲ Edge에서 오른쪽 위 Copilot을 불러와서 연동하여 사용하는 화면

☞ Copilot과 Edge 브라우저를 연동하고 활용하는 방법을 이해하고 싶다면

https://sway.cloud.microsoft/5JrHeMQ4sRBMxXQx?ref=Link
(Copilot #4-1. Copilot with Edge를 하는 이유/ 2. Edge Copilot을 잘 쓰기 위한 기본 세팅 내용 참고)

앞서 소개한 웹 Copilot의 기능을 기본적으로 이해하는 것도 중요하지만, Microsoft 생태계 내에서 Copilot을 가장 효과적으로 연결하고 활용하는

방법은 바로 Edge 브라우저와의 통합입니다.

Edge 브라우저를 사용하면 화면 오른쪽 사이드바에 Copilot이 항상 노출된 상태에서 작동되며, 현재 열려 있는 웹사이트와의 실시간 상호작용이 가능합니다. 사용자는 브라우저 왼쪽에서 웹페이지를 탐색하면서, 오른쪽의 Copilot 창에서 해당 내용을 분석하거나 요약을 요청하는 식으로 양방향 디지털 작업을 수행할 수 있습니다.

Edge 브라우저+Copilot의 통합은 특히 다음과 같은 기능들이 교육적 활용에 매우 유용합니다.

❶ **OCR 기반 페이지의 분석 기능**: 웹페이지상의 텍스트나 이미지 내용을 Copilot이 OCR로 인식하여 구조화된 정보로 분석해 줍니다. 이는 교과서 PDF 파일 및 이미지 기반 문서, 스캔된 자료를 다룰 때 효과적입니다.

❷ **URL 분석 기반 정보의 정리**: 특정 웹사이트의 URL을 Copilot에 입력하면 해당 페이지의 핵심 내용을 요약하거나, 페이지에 기반한 보고서, 발표자료 등의 창작물 생성도 가능합니다.

❸ **다국어 콘텐츠의 실시간 해석 및 번역**: 외국어로 된 페이지도 Copilot을 통해 실시간 번역 및 요약이 가능하며, 학습자료나 참고자료로의 재구성이 용이합니다.

❹ **영상 콘텐츠 분석의 확장**: 현재는 웹페이지 기반 중심이지만, 점차 영상 콘텐츠에 대한 이해 및 요약 기능까지 확대되고 있어서 미디어 리터러시 수업이나 영상 기반 프로젝트 학습에 활용도가 높아지고 있습니다.

이처럼 Edge 브라우저+Copilot의 조합은 단순한 문서 생성이나 검색을 넘어서, 교사와 학생이 함께 인터페이스를 확장하며 새로운 방식으로 정보를 탐색하고 활용하는 교육적 도구로 자리매김하고 있습니다.

Lesson 06

Copilot Designer 접속 및 활용 방법

Microsoft에서는 텍스트를 기반으로 이미지를 생성할 수 있는 'Copilot Designer'라는 플랫폼도 제공하고 있습니다. 이 도구는 사용자가 원하는 주제를 입력하면 인공지능이 그에 맞는 이미지를 창작해 주는 생성형 AI 서비스입니다. 예를 들어, 수업 주제에 맞는 삽화나 시각 자료가 필요할 때, Copilot Designer를 통해 빠르게 시각 자료를 만들어 수업에 활용할 수 있습니다.

다만, 이 플랫폼은 일반적인 MS 365 교육용 계정(학교 계정)으로는 사용이 불가하며, 개인 Microsoft 계정으로 로그인해야 기능을 사용할 수 있습니다. 예를 들어, '@outlook.com' 또는 '@hotmail.com' 등과 같은 개인용 이메일 계정이 필요합니다.

Copilot Designer는 교사뿐만 아니라 학생들의 창의 표현 활동에도 유용하게 사용할 수 있으며, 간단한 키워드 입력만으로도 시각적 상상력을 이미지로 구현해 낼 수 있다는 점에서 디지털 창의성 교육 도구로도 적합합니다.

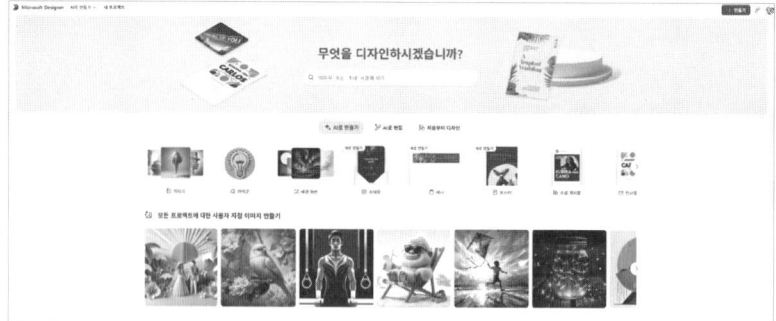

▲ https://designer.microsoft.com/ 연결하여 '개인계정 ID'로 로그인한 화면

☞ Copilot Designer 사이트 접속을 하고 싶다면

https://designer.microsoft.com/ 접속하여 디자인 생성

위 관련 사이트에 접속하여 MS 개인계정을 이용하면 Copilot Designer를 활용한 디자인 생성도 할 수 있습니다.

☞ Copilot Designer 접속 및 활용 방법이 궁금하다면

https://sway.cloud.microsoft/pTXXk1jqcl5MSeOo?ref=Link
(Copilot #2 참고)

Lesson 07

Copilot을 학교에서 활용하는 방법

Copilot을 학교에서 활용할 수 있는 방법들을 자세히 살펴보겠습니다.

Copilot+Edge로 AIDT처럼 활용하기

Copilot과 Edge 브라우저를 함께 활용하면 학생 개개인의 질문에 적절한 정보를 실시간으로 제공하고, 학습자가 모르는 부분을 심층적으로 학습할 수 있어서 AIDT(Artificial Intelligence Digital Textbook) 스타일의 수업이 가능합니다. 나아가 교과서 PDF를 Edge로 불러와서 'Copilot에게 모르는 내용을 복사-붙여넣기' 기능을 통해 학습자가 교과서 내용의 부족한 부분을 스스로 물어보며 학습할 수 있는 시스템으로 활용이 가능합니다. 이는 교육적으로 학습자가 주도적으로 자료를 탐색하고 사고하는 흐름을 형성해 주며, 교사 또한 Copilot을 활용하여 학습자 개인의 맞춤형 학습을 진행할 수 있습니다.

예를 들어, Edge 브라우저에서 교과서 PDF 파일을 열고 읽는 중에 궁금한 문장을 마우스로 드래그하여 선택하면, 오른쪽에 위치한 Copilot 창에

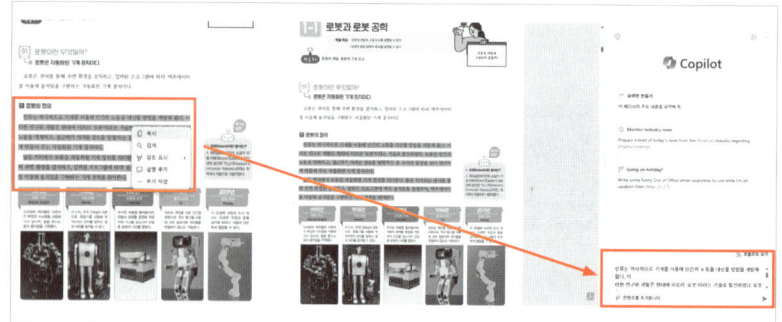

▲ Edge Copilot으로 교과서 PDF를 불러와 모르는 내용에 대해 질문을 요청하는 화면

☞ Copilot을 AIDT처럼 활용하는 방법이 궁금하다면

https://sway.cloud.microsoft/wlDkebEzqDZVckVw?ref=Link
(Copilot #5-1. Copilot+Edge로 AIDT처럼 활용하기 참고)

서 즉시 질문을 생성하거나 해석, 요약, 심화 설명을 요청할 수 있습니다. Copilot이 자동으로 3개의 질문을 생성하기도 합니다.

이 과정에 근거하여 단순한 개념 확인을 넘어서 다음과 같은 고차원적 학습도 가능합니다.

"이 개념은 실제 사회 문제에 어떻게 적용될 수 있을까?"
"이 부분의 역사적 배경이나 과학적 근거는 무엇인가?"
"다른 시각이나 반대 개념은 어떤 것이 있을까?"

이처럼 교과서 본문을 기반으로 학습자의 비판적 사고력과 탐구력을 동시에 끌어낼 수 있고, 교사는 사전 질문을 설계하거나, 학생 스스로 질문을 생성하는 자기주도적 학습활동으로 발전시킬 수 있습니다.

Copilot+Edge로 URL 웹데이터 분석 후 PPT로 간단히 정리하기

Copilot은 단순히 교과서 PDF를 읽는 기능에 그치지 않고 다양한 형태의 데이터 파일(PDF, Excel 등)을 불러오고 분석하며, 그 결과를 토대로 새로운 창작물을 만들어내는 확장형 도구로도 활용됩니다.

예를 들어, 실험 결과나 설문조사 자료가 담긴 Excel 파일을 Copilot에서 불러오면, 그 안의 데이터를 자동으로 요약하거나 시각화하여 해석해 줄 수 있습니다. 또한 복잡한 표나 그래프가 담긴 PDF 문서도 분석하여 핵심 내용을 정리하고, 그 결과를 기반으로 리포트, 발표자료, 시나리오 등의 2차 창작물로 연결하는 것이 가능합니다.

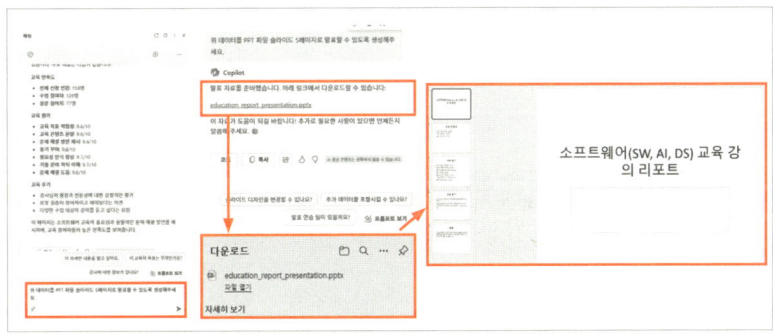

▲ Copilot으로 조사 결과 PDF를 분석한 후, 이를 PPT인 2차 창작물로 다시 제작하는 화면

☞ 데이터 분석 후 2차 창작물로 생산하는 방법이 궁금하다면

https://sway.cloud.microsoft/wIDkebEzqDZVckVw?ref=Link
(Copilot #5-2. Copilot+Edge로 URL 웹데이터 분석 후 PPT로 간단히 정리하기 참고)

이 과정은 단순한 정보 소비를 넘어서 데이터를 해석하고 새로운 산출물

로 전환하는 '비판적 사고→ 문제 해결→ 창의적 생산'으로 이어지는 교육 흐름을 구현하는 데 매우 적합합니다.

Copilot은 예를 들어 다음과 같은 학습활동에 효과적으로 활용할 수 있습니다.
- 조사 데이터 분석 후 보고서 자동 생성
- 수업 중 실시간 결과 데이터 정리 및 해석
- Excel 기반 프로젝트 자료를 시나리오로 재구성
- PDF 학습자료에서 핵심 개념 추출 후 요약 노트 자동 생성

이처럼 Copilot은 단순한 분석 도구를 넘어 AI 기반 데이터 활용 수업의 새로운 가능성을 열어 주고, 교사와 학생 모두에게 디지털 생산 역량을 강화하는 도구로서 적극 활용할 수 있습니다.

나만의 인공지능으로 만들어 Copilot 활용하기

MS 365의 웹 기반 Copilot을 사용하면 단순한 문장 생성이나 요약을 넘어서 개인의 업무 패턴이나 학교 환경에 맞춘 맞춤형 Copilot을 직접 설계하고 활용할 수 있습니다. 이러한 방식으로 구성된 Copilot을 우리는 에이전트(Agent)라고 부르며, 사용자의 맥락을 이해하고 지속적으로 발전하는 AI 도우미로 기능합니다.

MS 365 Copilot의 에이전트 만들기(Make Your Own Agent) 기능을 활용하면, 반복적으로 수행하는 업무 흐름이나 자주 다루는 데이터, 특정 학교 문서 유형 등을 기반으로 Copilot을 학습시켜 보다 개인화된 생산 도우미로 확장할 수 있습니다.

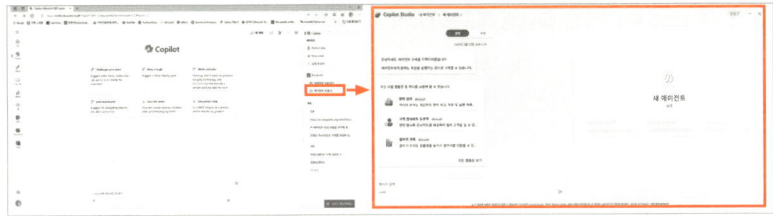

▲ MS 365 Copilot 스튜디오에서 에이전트 만들기에 접속하는 화면

☞ 자기만의 Copilot을 만들어 활용하는 방법이 궁금하다면

https://sway.cloud.microsoft/wIDkebEzqDZVckVw?ref=Link
(Copilot #5-3. MS 365 Copilot Agent 만들어 활용하기 참고)

예를 들어, 다음과 같은 방식으로 교육 현장에서 Agent를 활용할 수 있습니다.

- **학교 업무의 자동화**: 생활기록부 작성, 회의록 초안, 주간계획서 정리 등을 일정한 양식과 흐름에 맞춰 자동 생성
- **수업자료의 반복 생성**: 특정 단원별 요약, 문제은행, 과제 피드백 등을 자주 사용하는 템플릿 기반으로 생산
- **학생 상담 기록의 패턴 분석**: 상담 이력 문서를 기반으로 Copilot이 자주 등장하는 키워드나 상담 방향을 정리

'Agent 만들기'는 단순한 AI 활용을 넘어서 나의 노동 방식, 학교 업무의 패턴, 반복적인 수업 흐름 등을 이해한 Copilot을 재생산하는 과정입니다. 이 기능을 통해 교사 자신만의 AI 동료를 만들 수 있으며, 진정한 의미의 개인화된 AI 도우미 활용이 가능해집니다.

Copilot을 활용하여 외국어 공부하기

Microsoft Copilot은 단순한 문장 생성 도구에 머물지 않고 다국어 처리 기능을 바탕으로 외국어 학습을 도와주는 AI 도우미로도 활용할 수 있습니다. 특히 영어를 비롯한 다양한 언어를 혼자서 주도적으로 공부하고자 할 때, Copilot은 매우 강력한 파트너가 될 수 있습니다.

이때 중요한 것은 단순히 Copilot에게 번역을 시키거나 문장을 만들어 달라고 요청하는 수준을 넘어서, 외국어 학습에 대한 구조적 이해, 즉 '도메인 지식'을 바탕으로 학습 흐름을 설계하는 것입니다. 도메인 지식이란 특정 분야를 체계적으로 학습할 수 있는 원리를 아는 것을 뜻하며, 이를 바탕으로 Copilot을 활용하면 학습의 깊이와 효율이 달라집니다.

다음은 Copilot을 활용하여 영어 등 외국어를 자기주도적으로 학습할 수 있는 대표적인 7단계 흐름입니다.

단계	활동	설명
1단계	Read	관심 있는 영어(또는 외국어) 글을 Copilot에 붙여 넣고 읽습니다.
2단계	Summarize	Copilot에게 해당 글의 핵심 내용을 요약해달라고 요청합니다.
3단계	Compose	요약한 내용을 바탕으로 자신의 문장으로 다시 작성해 봅니다.
4단계	Rewrite	작성한 문장을 Copilot에게 더 자연스럽고 정확하게 수정 요청합니다.
5단계	Extract Vocabulary	주요 단어와 표현을 추출하여 단어장으로 정리합니다.
6단계	Quiz	Copilot에게 빈칸 채우기, OX, 객관식 등 퀴즈 형식으로 복습을 요청합니다.
7단계	Read again	처음 읽었던 글을 다시 읽으며 얼마나 이해가 깊어졌는지 확인합니다.

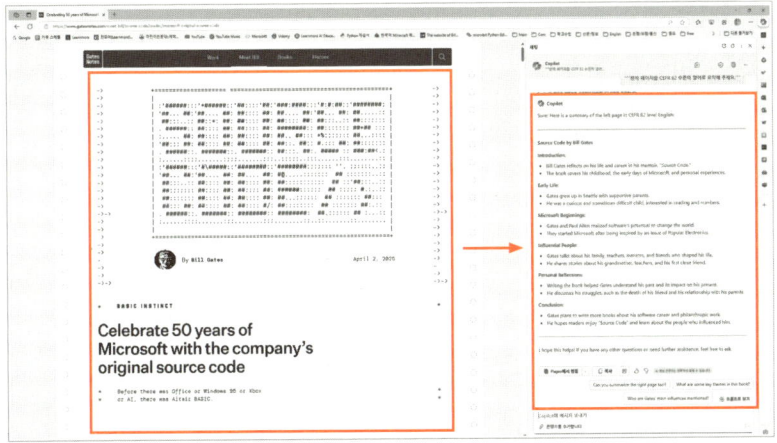

▲ www.gatesnotes.com 사이트에서 영어 원문을 위 어학 학습 방법 패턴으로 학습하는 화면

☞ Copilot을 활용하여 스스로 어학 공부를 하는 방법이 궁금하다면

https://sway.cloud.microsoft/wIDkebEzqDZVckVw?ref=Link
(Copilot #5-4. Copilot을 활용하여 외국어 공부하기 참고)

Sway 자료에서 제시된 바와 같이, 외국어 학습은 단순한 반복을 넘어서 절차적 사고에 기반한 학습 흐름을 설정할 때 더 높은 효과를 거둘 수 있습니다. 특히 Microsoft Copilot과 같은 생성형 AI 도구를 활용하면, 이러한 학습의 구조화를 더욱 쉽고 효율적으로 구현할 수 있습니다. 이러한 학습 구조는 단순한 번역이나 단어 외우기를 넘어서, '문해력→ 사고력→ 표현력→ 복습력'까지 통합적으로 훈련하는 매우 효과적인 학습 흐름입니다. 각 시·도 교육청에서 제공하는 MS 365 A3 라이선스 기반의 Copilot은 단순한 생성형 인공지능이 아닙니다. 이 도구는 외국어 학습에 필요한 지식과 전략을 통합적으로 제공하는 AI 튜터로 활용할 수 있는 잠재력까지도 지니고 있습니다. 특히 사교육에 의존하지 않고도 학습자가 혼자 학습할

수 있다는 점은 매우 큰 장점입니다.

예를 들어, 학습자는 Copilot에게 다음과 같은 질문을 통해 자신의 학습 수준과 방향을 점검할 수 있습니다.

"내 영어 수준에 맞는 학습 전략은 무엇인가요?"
"어떤 절차를 따라 학습하면 더 효과적일까요?"
"지금 내가 쓴 문장은 어느 수준인가요?"

Copilot은 이와 같은 질문에 응답하면서 학습자의 현재 상태를 진단하고 이에 맞는 맞춤형 학습 경로(Learning pathway)를 제안해 줍니다. 더불어, 절차적 학습 전략(Procedural Learning Strategy)도 AI에게 직접 요청함으로써 학습자가 어떤 흐름으로 공부하면 좋을지 계획할 수 있게 됩니다. 이러한 방식은 단순한 언어 지식 전달을 넘어서 '어떻게 공부할 것인가'를 학습자 스스로 설계하고, AI의 도움으로 점검하고 조율할 수 있는 스마트 학습 환경을 제공할 수 있습니다.

MS 365 Copilot은 외국어 학습의 '지식+방법+피드백'을 통합 제공하는 AI 기반 학습 튜터로서, 자기주도 학습을 실현하는 데 매우 효과적인 도구입니다. 특히 절차적 사고를 바탕으로 언어 학습을 설계하고 실행하고자 하는 모든 학습자에게 적극 추천합니다.

Copilot+Edge와 나이스 연동하여 활용하기

Microsoft Copilot은 단독으로 작동하는 도구가 아니라, Edge 브라우저와 함께 사용할 때 진정한 강점을 발휘하는 AI 도우미입니다. 특히 Edge 브라우저는 왼쪽에는 웹사이트 또는 업무 시스템을 띄우고, 오른쪽에는

Copilot 창을 열어 두는 양면 인터페이스 구조를 제공하기 때문에, 교육청 나이스(NEIS) 시스템처럼 정형화된 정보를 다룰 때 매우 유용하게 활용할 수 있습니다. 예를 들어, 교사는 왼쪽 창에 나이스 시스템을 열고 학생생활기록부, 출결 현황, 평가 기록 등의 데이터를 확인하는 동시에, 오른쪽의 Copilot에게 필요한 요청을 할 수 있습니다.

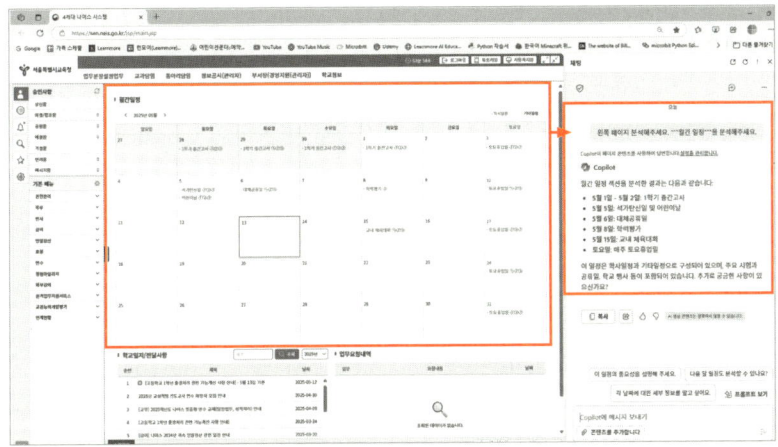

▲ Edge 페이지에 NEIS를 열고, 오른쪽에 Copilot을 열어 작업하는 화면

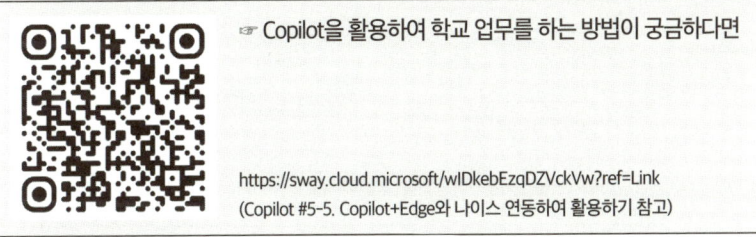

Copilot은 OCR 기능과 텍스트 기반 분석 기능을 통해 화면의 구조와 내용을 인식하고, 완벽하지는 않더라도 일정 수준의 요약, 정리, 문서화 작업을 편한 인터페이스에서 업무를 수행할 수 있도록 설계되어 있습니다. 이처럼 Copilot+Edge 조합은 단순한 AI 대화창이 아니라, 실제 교육행정

시스템을 분석하고 도와주는 스마트 업무 도우미로 활용할 수 있습니다. 교사의 행정 부담을 줄이고, 더 본질적인 수업과 평가에 집중할 수 있는 환경을 만드는 데 도움을 줄 것입니다.

Copilot과 음성 받아쓰기 기능으로 회의 내용 정리하기

교직 업무 중 회의록 작성은 시간과 집중이 필요한 반복 작업 중 하나입니다. 특히 회의 시간이 길어질수록 정리의 어려움도 커지게 됩니다. 이때 Windows의 [윈도우+H] 음성 받아쓰기 기능 또는 macOS의 받아쓰기 기능을 활용하면, 실시간으로 음성을 텍스트로 변환하여 Copilot에게 곧바로 전달할 수 있는 스마트한 업무 흐름이 완성됩니다.

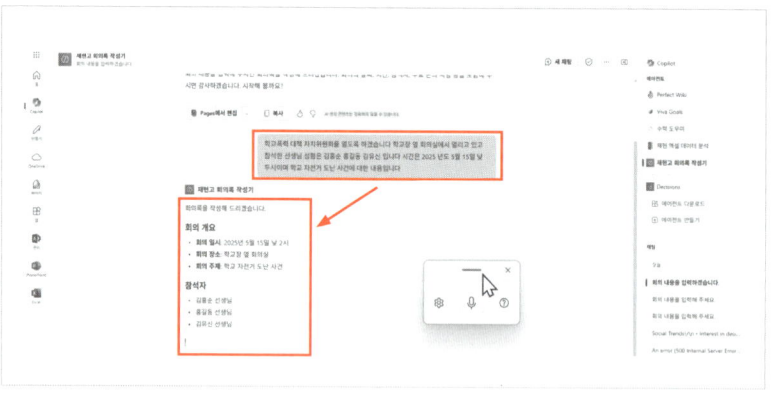

▲ Windows 음성 받아쓰기 기능을 사용하여 음성을 데이터화하고 이를 Copilot으로 정리하는 화면

☞ Copilot을 활용하여 회의록을 정리하는 방법이 궁금하다면

https://sway.cloud.microsoft/wIDkebEzqDZVckVw?ref=Link
(Copilot #5-6. Copilot과 음성 받아쓰기 기능으로 회의 내용 정리하기 참고)

회의록을 정리하는 패턴은 다음과 같습니다.

❶ **음성 받아쓰기 활성화**: 회의 중 컴퓨터에서 Windows+H(윈도우) 또는 받아쓰기 단축키(macOS는 F5키)를 사용하여 음성을 텍스트로 전환합니다.
❷ **Copilot에게 회의록 양식 제공**: 학교에서 자주 사용하는 회의록 양식을 Copilot에 미리 입력하거나 프롬프트로 제공해 줍니다.
❸ **받아쓰기 텍스트 분석 요청**: 음성 받아쓰기로 생성된 텍스트를 Copilot에 입력하고, 앞서 제시한 회의록 양식에 맞춰 정리해 달라고 요청합니다.
❹ **자동화된 회의록 결과 확인 및 편집**: Copilot이 자동으로 회의 내용을 정리한 후, 필요한 부분만 간단히 편집하면 회의록 작성이 완료됩니다.

이러한 방식은 회의의 내용을 빠르게 기록하고, 구조적으로 정리하는 데 매우 유용하며, 회의록 담당자의 부담을 대폭 줄일 수 있습니다. 또한 '녹취된 음성을 문서화 → 요약 및 분석 → 양식화된 문서 완성'이라는 절차적 흐름을 통해 디지털 행정 처리의 효율을 높일 수 있습니다. 이와 같은 기능은 교무회의, 학부모 회의, 동아리 운영회의, 학교 폭력 대책 자치위원회 등 다양한 상황에서 곧바로 활용이 가능하며, 교사들이 수업과 학급 운영에 더욱 집중할 수 있도록 돕는 강력한 보조 도구로 작용할 수 있습니다.

Copilot은 '일을 대신 해주는 AI'가 아니라 '나와 함께 일하는 동료 AI'로 이해되어야 하며, 학교와 교실 그리고 개인의 학습과 업무에 맞게 재구성되는 유연한 AI 플랫폼입니다. 이러한 가능성은 교사의 교육적 상상력을 확장하고, 학생의 학습 경험을 혁신하며, 무엇보다 공교육 내에서 누구나 접근이 가능한 'AI 격차 해소의 실질적 수단'으로 기능할 수 있음을 보여줍니다. 지금이야말로 Copilot을 학교 속으로, 수업 속으로, 나의 업무 속으로 적극 활용할 적절한 시기입니다.

더 많은 기능과 구체적인 사용 방법은 https://microsofta3.com/ 사이트의 Copilot 섹션을 차근차근 따라 해 가면서 실습해 보기를 권합니다.

Chapter 8

다문화 학생의 수업 접근성을 높이는 PowerPoint

Lesson 01

PowerPoint로 할 수 있는 일들

우리나라 학교 현장은 점점 더 많은 문화권의 학생들이 함께 어우러지는 다문화 교육의 공간이 되고 있습니다. 어렸을 적 외국에서 살다가 온 학생도 있고, 부모님의 국적이나 직업 특성상 외국에서 살다가 한국 학교에 적응해야 하는 등 다양한 사례가 있습니다. 어떤 학생은 한국어를 비교적 유창하게 구사하며 수업에 적극적으로 참여하지만, 어떤 학생은 한국어를 배우는 초기 단계에 있어 언어 장벽을 극복하지 못해 수업 참여에 어려움을 겪는 경우가 많습니다. 교사가 전달하는 학습 내용을 언어적 장벽 때문에 충분히 이해하지 못하거나, 친구들과의 상호작용이나 토론 상황에서 위축되어 수업 참여가 저조해지는 일이 발생하곤 합니다. 이는 교실에서의 학습 소외로 이어질 수 있는 문제이기도 합니다.

이처럼 다문화 학생을 위한 수업 참여 지원은 단순한 '배려'를 넘어 학교 교육이 지향해야 하는 '포용성과 형평성'의 문제라고도 할 수 있습니다. 교사로서 이러한 학생들이 수업을 온전히 이해하고 친구들과 소통하며, 함께 성장하는 학습 환경을 어떻게 만들 수 있을까를 생각하다가 찾아낸 앱이자 플랫폼이 바로 Microsoft PowerPoint입니다. PowerPoint를 통해 다문화 학생의 수업 접근성을 높이는 다양한 가능성을 이용할 수 있습니다.

PowerPoint는 다음과 같은 일들을 할 수 있습니다.

❶ **자막 생성**: 자막 생성 기능을 사용하여 교사의 언어(한국어)를 학급에 있는 다문화 학생을 위한 언어로 실시간 번역할 수 있습니다.

❷ **Teams 슬라이드 번역**: PowerPoint 슬라이드 쇼를 Teams 모임에 연동하여 슬라이드를 다양한 언어로 번역하여 볼 수 있습니다. 이는 학생들이 사용하는 언어에 맞게 적절히 변경이 가능합니다.

❸ **다문화 맞춤형 활동지**: 수업용 프레젠테이션을 학생의 맞춤형 언어로 쉽게 변경할 수 있습니다. 학생의 언어로 복사본을 제공하여 학생의 수업 참여를 적극적으로 촉진할 수 있습니다.

❹ **직관적인 이해를 위한 3D 모델**: PowerPoint에서는 다양한 주제에 맞는 3D 모형을 슬라이드에 삽입할 수 있습니다. 언어 없이도 직관적인 이해를 유도합니다.

❺ **모핑**: 부드러운 움직임을 활용하여 개념 간의 흐름을 시각화하는 데 도움을 줍니다. 이 또한 언어 설명 없이 시각적인 이해를 촉진할 수 있습니다.

이처럼 간단한 기능을 통해 PowerPoint라는 하나의 툴만으로도 학교 수업에서 언어 장벽으로 적응을 어려워하는 학생을 포용할 수 있습니다.

Lesson 02
PowerPoint 사용 방법

PowerPoint는 학교 수업이나 교직원 회의 등 업무에서도 가장 빈번하게 활용되는 문서 작성 및 발표 도구 중 하나입니다. 대부분의 Windows 운영체제에는 PowerPoint가 다른 Office와 함께 설치되어 있으며, 교육청에서 제공하는 라이선스를 활용하면 최신 기능을 더욱 폭넓게 활용할 수 있습니다. PowerPoint의 경우에도 다른 Office 제품들과 마찬가지로 설치형 버전(2016 등)과 다운로드를 하여 사용하고 지속적인 업데이트가 이루어지는 MS 365 버전의 PowerPoint가 있습니다. 또한 웹 버전으로 사용이 가능한 PowerPoint도 있습니다. 이 책에서 소개하는 기능은 웹 버전과 MS 365 버전을 기준으로 하므로, 해당 버전의 PowerPoint를 사용하길 추천합니다.

내 컴퓨터에 PowerPoint가 설치되어 있는지 궁금하다면 윈도우 시작에서 PowerPoint를 검색하면 됩니다.

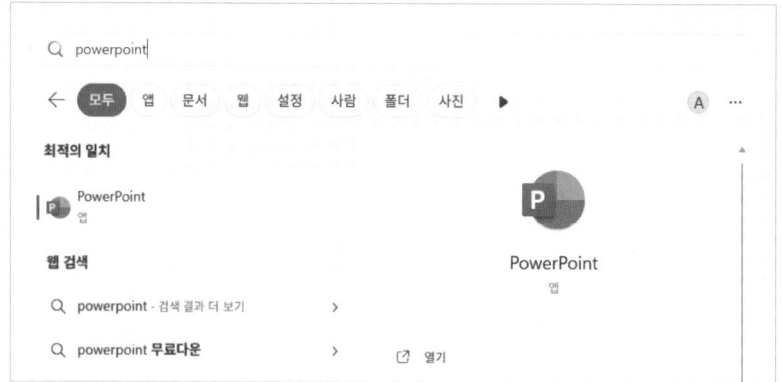

▲ 내 PC에서 PowerPoint 앱이 있는지 찾아보기

☞ **PowerPoint를 체계적으로 사용하는 자세한 방법이 궁금하다면**

https://sway.cloud.microsoft/lpGwwM4IUmT4XijC?ref=Link
(PowerPoint Online #1 참고)

Lesson 03

다문화 학생의 수업 참여를 위해 PowerPoint를 활용하는 방법

PowerPoint를 학교에서 어떻게 활용할 수 있는지 그 방법들을 자세히 살펴보겠습니다.

학생 맞춤형 자막 생성

PowerPoint는 다문화 학생의 언어 장벽 극복을 위한 MS 도구로 활용이 가능합니다. 언어를 배울 때는 글을 읽고 쓰는 것보다 말하는 것을 이해하는 것이 더 어려울 수 있습니다. 아직 한국어 학습 초기 단계인 학생들에게 교사의 수업 언어를 따라가는 것은 큰 도전이자 난관일 수 있습니다. 중요한 개념을 설명할 때 잘 이해하지 못하거나, 다른 학생들의 발표나 교사의 설명이 빠르게 지나가는 경우에는 그 내용을 놓치기도 쉽습니다. 이러한 상황이 반복되면 학생이 수업에서 점차 소외될 위험이 있고, 학습에 대한 자신감과 흥미를 잃을 수 있습니다. 이와 같은 상황에서 학생의 수업을 돕는 방법을 PowerPoint의 기능을 활용하여 제시해 보겠습니다.

사용 방법은 간단합니다. 수업에서 슬라이드 쇼를 활용할 때 자막을 슬라이드 쇼에 띄우는 방식입니다. 웹 버전과 앱 버전 모두에서 지원하는 기능으로 [슬라이드 쇼]-[항상 자막 사용]을 활성화하면 됩니다.

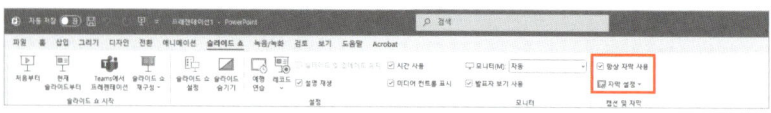

▲ PowerPoint 항상 자막 사용 활성화하기

☞ 더 자세한 자막 설정 및 사용 방법이 궁금하다면

https://sway.cloud.microsoft/OYG2qFMCRmV8eELp?ref=Link
(PowerPoint Online #4-3. 캡션 및 자막 참고)

이 기능은 교사 또는 발표하는 학생이 말하는 내용을 실시간으로 음성 인식하여 슬라이드 화면 상단 또는 하단에 자막으로 표시합니다. 교사의 발화 언어는 물론 자막으로 표시될 언어도 따로 설정할 수 있어서 다문화 학생에게 1:1 맞춤형 자막 제공이 가능합니다. 음성 언어는 약 24개의 언어를, 자막 언어는 약 54개의 언어를 지원합니다.

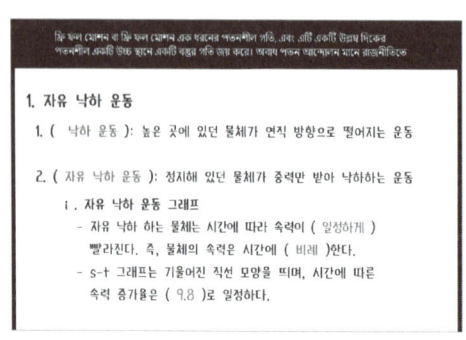

◀ 수업 중 다른 언어로 실시간 번역되는 화면

만약 교실 앞 TV나 전자칠판에 자막을 띄우기 어렵다면, 학생의 책상에 태블릿 등의 디바이스를 배치하여 사용할 수 있습니다. 이렇게 수업을 준비하면, 교사가 한국어로 수업을 진행하더라도 외국에서 온 학생의 디바이스에는 해당 언어로 번역된 자막이 실시간으로 제공됩니다. 이처럼 각 학생의 언어에 맞춘 자막은 단순한 배려를 넘어 학생의 학습권을 보장하는 실용적인 도구가 됩니다.

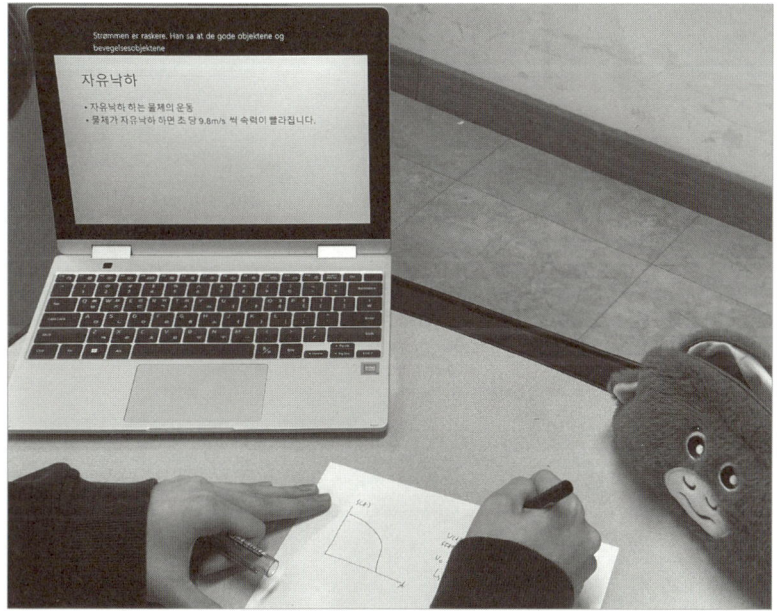

▲ 노르웨이어로 실시간 자막 기능을 활용한 사례

Teams와 연동한 슬라이드 번역

PowerPoint의 슬라이드 쇼는 Teams 모임에 연결하여 사용할 수 있습니다. 앞서 소개한 자막 기능은 교사의 언어를 학생들이 사용하는 언어로 바꾸어 교실의 화면이나 개별 디바이스를 통해 한 명의 학생에게 맞춤 자막을 제공하는 방식이었다면, [Teams에서 프레젠테이션]은 수업 중 사용하는 PowerPoint 슬라이드에 있는 내용을 학생에게 각자의 언어로 번역하여 청각 요소뿐만 아니라 시각적인 요소도 제공할 수 있다는 점에서 더 확장된 기능이라고 할 수 있습니다. 학생들은 현재 보고 있는 슬라이드뿐만 아니라 이어지는 슬라이드까지 모두 자신의 언어로 볼 수 있어 수업의 흐름을 놓치지 않고 따라갈 수 있습니다. 만약 교사의 설명 중 일부를 놓치더라도, 자신의 언어로 번역된 슬라이드를 통해 내용을 쉽게 이해할 수 있어 학습의 연속성을 유지할 수 있습니다.

Microsoft의 플랫폼은 뛰어난 호환성을 제공하여 사용 방법도 매우 간단합니다. Teams에서 모임을 시작한 후, 웹 버전이나 앱 버전의 PowerPoint에서 [슬라이드 쇼]-[Teams에서 프레젠테이션]을 클릭하기만 하면 됩니다. 이 옵션을 선택하면 자동으로 Teams 모임으로 전환되며 프레젠테이션 공유가 즉시 시작됩니다.

Teams 프레젠테이션의 활용 사례를 두 가지 살펴보겠습니다.

❶ **학교 수업에서의 활용입니다.**
교사는 Teams 모임에 학생들을 초대하고, 학생들은 각자의 노트북으로 모임에 접속합니다. 교사가 PowerPoint를 공유하면 학생들은 영어, 일본어, 중국어, 독일어 등 자신에게 익숙한 언어로 슬라이드 내용을 볼 수 있어 언어 장벽을 극복하고 수업에 적극적으로 참여할 수 있습니다.

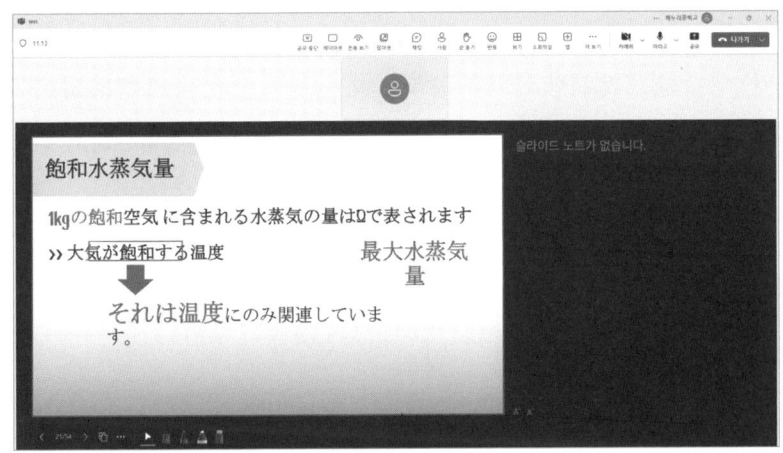

▲ 일본어로 Teams 프레젠테이션 슬라이드 번역 활성화하기

☞ 더 자세한 Teams 프레젠테이션 라이브 설정 및 사용 방법이 궁금하다면

https://sway.cloud.microsoft/OYG2qFMCRmV8eELp?ref=Link
(PowerPoint Online #4-4. Teams 프레젠테이션 참고)

❷ 학부모 대상 웨비나 등에서 사용하는 Teams 프레젠테이션입니다.

다문화 학생은 학부모 또한 한국어에 익숙하지 않을 수 있습니다. 학부모 총회에서와 같이 다양한 언어로 된 번역을 해야 할 때, 해당 학부모께 예비용 노트북과 접속할 수 있는 QR코드와 링크를 함께 제공하여 각자 기기에서 프레젠테이션을 따라갈 수 있게 할 수 있습니다. 이렇게 학부모들은 자신에게 익숙한 언어를 선택하여 프레젠테이션 내용을 보고 따라가며 학교 행사의 내용을 정확히 이해할 수 있으며, 자녀의 학교생활에 더욱 적극적으로 참여할 수 있습니다.

Teams와 연결하여 사용하는 PowerPoint 프레젠테이션 슬라이드 번역 기능은 교실 수업뿐만 아니라 원격 수업, 학부모 총회, 학교 설명 웨비나 등 교육 공동체 내의 다양한 상황에서 활용할 수 있는 매우 유연하고 강력한 도구입니다. 이 기능은 교육의 포용성과 접근성 및 교육 참여를 높이는 데 도움을 줍니다.

다문화 맞춤형 활동지

Teams와 연결하여 사용하지 않아도 슬라이드 번역을 사용할 수 있습니다. PowerPoint의 번역 기능은 다문화 학생들에게 필요한 맞춤형 수업 자료와 활동지를 효과적으로 제공합니다. 다문화 학생들이 수업에 참여할 때의 어려움은 수업 시간에 교사의 언어를 따라가는 것에만 그치지 않습니다. 수업자료에 쓰인 다양한 개념과 용어를 본인에게 친숙한 언어로 충분히 이해하지 못할 경우 학습활동 참여에 어려움을 겪을 수 있습니다. 이때, 학생에게 주어지는 자료가 한국어로만 되어 있으면 학습 지원이 어렵게 되어 학교생활에 흥미를 잃게 될 수 있습니다. 이러한 상황에서 PowerPoint의 번역 기능을 활용하면 다문화 학생에게 그리고 학생의 학부모에게도 친화적인 학습 환경을 제공할 수 있습니다.

사용 방법 또한 매우 간단합니다. PowerPoint의 앱 버전에서 **[검토]**-**[번역]** 기능을 선택한 후 원하는 텍스트를 선택합니다. 언어는 자동으로 감지되며, 학생의 언어로 번역한 후 **[삽입]**을 클릭하여 수업자료를 번역본으로 교체할 수 있습니다.

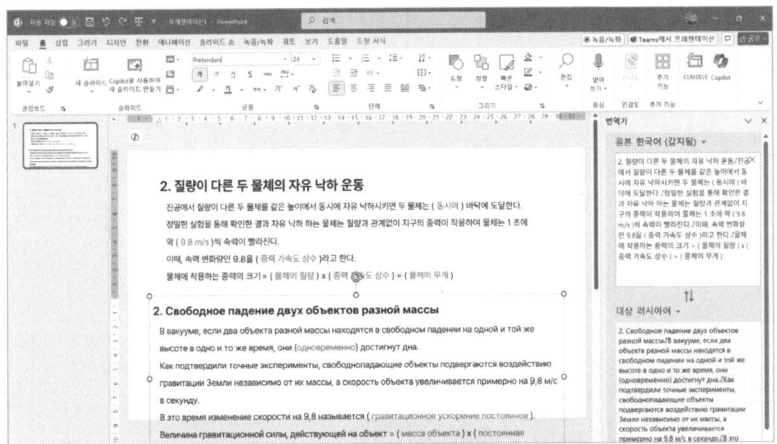

▲ PowerPoint 번역 기능 사용하기

☞ 더 자세한 PowerPoint 번역 기능 사용 방법이 궁금하다면

https://sway.cloud.microsoft/K5pQPwgQVhaG8fe9?ref=Link
(PowerPoint Online #6-2. PowerPoint 번역 기능 참고)

물론 다양한 언어를 사용하는 학생을 위한 번역 작업이 추가로 필요하지만, 비교적 쉽고 빠른 과정으로 다양한 학생들이 수업에 참여할 수 있게 되어 그 교육적 가치가 매우 크다고 할 수 있습니다. 예를 들어, 번역 기능으로 베트남에서 온 학생을 위해 과학 수업의 주요 개념과 활동지를 베트남어로 번역한 자료를 제공하면 학생은 수업 내용을 더 잘 이해할 수 있게 되고, 가정에서도 복습할 수 있습니다.

번역을 하는 것은 단순히 학습자료에만 국한되는 것은 아닙니다. 학교에서 가정으로 가는 가정통신문도, 학급에 게시되는 학급 게시 자료도 모두 포함됩니다. 특히 학부모 상담자료나 학교 공지사항 등을 번역하여 제공한다면 학생과 학부모가 익숙한 언어로 학교자료를 받아볼 수 있어 자녀의 학교생활을 더 정확히 이해할 수 있으며, 이는 학부모의 학교 참여율과 학교에 대한 신뢰도를 높이는 데도 긍정적인 영향을 미칩니다.

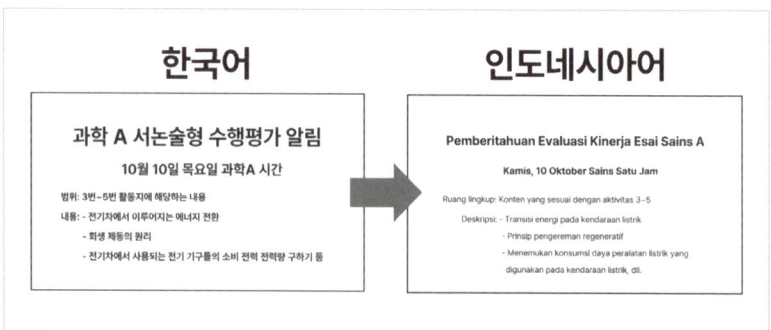

▲ 번역 기능으로 만든 다문화 학생 맞춤형 안내문

이렇게 PowerPoint의 번역 기능을 활용한 다문화 맞춤형 활동지는 다문화 학생과 교육 공동체 모두의 유대감과 소속감을 높이는 데 큰 도움을 줄 수 있습니다. 이 번역 기능은 PowerPoint뿐 아니라 Word, OneNote 등 다른 MS 365 플랫폼에서도 동일하게 사용할 수 있어 학교 현장에서 더욱 폭넓은 활용이 가능합니다.

직관적 이해를 위한 3D 모델

PowerPoint의 3D 모델 삽입 기능은 다문화 학생뿐만 아니라 한국어를 모국어로 쓰는 학생들도 언어 장벽을 넘어 수업에 참여할 수 있도록 도움을 주어 매우 효과적입니다. 수업 시간에 제시되는 다양한 개념이나 사물을 이해할 때 언어적 설명만으로는 부족할 수 있습니다. 특히 낯선 용어나 추상적인 개념을 배울 때, 언어 이해도가 낮은 학생들은 수업 내용을 따라

가기가 더욱 어렵습니다.

이때 3D 모델 기능을 활용하면 학생들이 언어 장벽과 상관없이 시각적으로 직관적인 이해가 가능합니다. 3D 모델 기능은 단순히 평면 이미지를 제공하는 것이 아니라 화면에서 입체적으로 볼 수 있고, 원하는 각도로 자유롭게 회전하거나 확대할 수 있는 입체 모델을 제공합니다.

사용 방법도 간단합니다. 앱 버전 PowerPoint에서 **[삽입]-[3D 모델]**을 클릭한 후 **[3D 모델]** 항목에서 제공되는 다양한 모델 중 원하는 것을 선택하여 슬라이드에 쉽게 삽입할 수 있습니다.

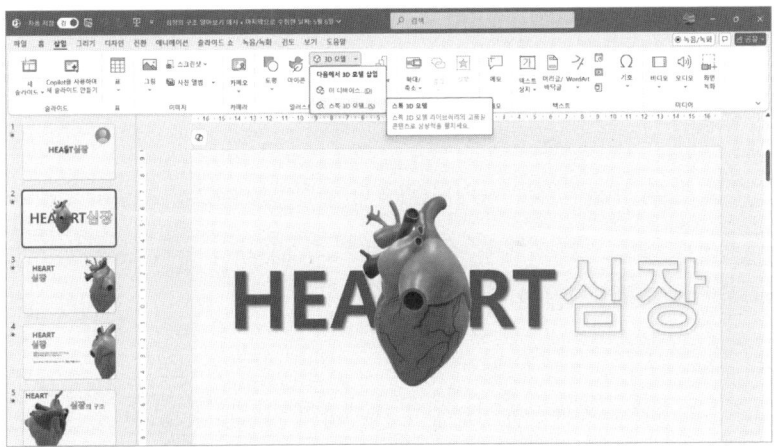

▲ 3D 모델을 삽입한 수업 예시 자료

☞ 3D 모델을 PowerPoint에 삽입하는 방법이 궁금하다면

https://sway.cloud.microsoft/K5pQPwgQVhaG8fe9?ref=Link
(PowerPoint Online #6-1. 3D 모델 삽입하기 참고)

예를 들어, 과학 수업에서 심장에 대해 알아보는 수업을 하는 경우를 제시해 보겠습니다. 3D 모델을 활용하면 학생들은 실제로 보는 것과 유사한 경험을 하게 됩니다. 교사가 프레젠테이션을 만들어 수업자료를 제공할 때나 학생에게 프레젠테이션 자료를 주고 학생 노트북에서 직접 3D 모델을 조작할 때 학생들은 화면에서 입체적인 모델을 직접 돌려가며 관찰할 수 있어, 언어 이해가 부족하더라도 개념을 더욱 정확하게 이해하고 흥미롭게 수업에 참여할 수 있습니다. 이렇게 3D 모델을 활용하면 학생들은 언어에 구애받지 않고 적극적으로 수업에 참여할 수 있어서 교실에서 쉽고 직관적으로 언어 장벽을 극복할 수 있습니다.

모핑: 흐름과 연결이 있는 프레젠테이션

수업자료를 만들 때 고민하는 것 중 하나는 개념 사이의 흐름을 학생들에게 어떻게 효과적으로 전달할지입니다. 특히 다문화 학생들은 언어의 장벽으로 인해 개념과 개념 사이의 연결이나 맥락을 제대로 파악하지 못하는 경우가 많습니다. 이때 PowerPoint의 모핑(Morph) 기능을 활용하면, 언어적 설명이 충분하지 않더라도 개념 간의 연관성과 변화를 시각적으로, 직관적으로 전달할 수 있습니다.

모핑을 사용하여 직관적인 이해를 도운 사례 세 가지를 소개해 보겠습니다.

❶ 수학 시간에 다루는 통계입니다. 막대그래프에서 꺾은선 그래프로 데이터를 표현할 때 그래프 아래의 넓이가 같다는 개념을 모핑을 이용하면 학생들에게 조금 더 직관적으로 다가가는 수업자료를 만들 수 있습니다.

❷ 과학 시간에 물 분자의 배열을 변화시키며 증발하는 과정을 시각적으로 제시하여 학생들의 이해를 도울 수 있습니다.

▲ 모핑 전환 효과를 적용한 수업 예시 자료

☞ 더 자세한 PowerPoint의 모핑 사용 방법이 궁금하다면

https://sway.cloud.microsoft/vgwC9BwNo7cmpCsG?ref=Link
(PowerPoint Online #4-1. 슬라이드 전환 효과 참고)

❸ 사회나 도덕 시간에 '인권'이라는 핵심 개념에서 출발하여 '자유', '책임' 등의 하위 개념으로 확장되는 흐름을 모핑으로 표현하는 것입니다. 학생들은 이때 개념들이 어떻게 연결이 되는지 정확한 의미는 모르더라도 연결성을 시각적으로 파악할 수 있습니다.

이처럼 모핑 기능은 언어가 익숙하지 않은 다문화 학생들뿐만 아니라 일반 학생들에게도 수업 내용을 더 쉽게 이해하도록 도와줍니다. 즉, 교사가 말로 설명하기 어려운 흐름이나 관계를 보여줄 때, 모핑 효과는 이해의 장벽을 낮추고 몰입도를 높이는 수업용 프레젠테이션 도구가 됩니다.

지금까지 PowerPoint가 학교 수업에서 다문화 학생을 지원하는 기능에 대해 알아보았습니다. 이러한 기능을 Microsoft가 제공하는 이유는 학생 중심 학습을 강조하며, 모두를 위한 포용적인 교육을 지향하는 가치 때문입니다. Microsoft는 교육 격차 해소를 기업의 사회적 책임으로 여기며, 교육을 통한 인간 성장을 지원하는 기술을 제공하고자 합니다. 이와 같은 목적을 위해 학교와 교육청은 교육 전용 라이선스를 교사와 학생들에게 제공하며, 다양한 학습 스타일을 가진 학생들에게 폭넓은 교육 기회를 제공하고자 힘쓰고 있습니다. 이 책에서 소개한 기능만으로도 다문화 학생들의 수업 참여를 높일 수 있습니다. 이 외에도 카메오 기능, 애니메이션, 슬라이드 링크 활용 등 다양한 기능들이 존재합니다.

무엇보다 PowerPoint는 다양한 문화와 언어를 가진 학생들이 학교에 적응하고 수업에 참여할 수 있도록 돕는 것이 큰 장점이라고 할 수 있습니다.

지면에 다 담지 못한 기능은 https://microsofta3.com/ 사이트에서 PowerPoint Online 부분을 차근차근 읽어가며 따라 해 보면 PowerPoint의 더 많은 기능을 경험할 수 있습니다. PowerPoint를 언어 장벽을 쉽게 넘을 수 있는 프로그램이자 앱으로 추천합니다.

Chapter 9

Forms로 형성평가와 학교 설문하기

Lesson 01
Forms로 할 수 있는 일들

학교에서는 학생과 학부모, 교사를 대상으로 한 설문조사와 수업 중간중간 학생들의 이해도를 점검하기 위한 평가가 필요합니다. 학기 초에는 학생들의 자기소개서와 상담 신청 등을 위한 설문이 진행되고, 학기 중에는 수업 중에 형성평가나 주제별 퀴즈로 학생들의 학습 이해도를 점검하며, 학기 말에는 자유학기와 같이 학교에서 진행된 여러 프로그램에 대한 만족도 조사를 하기도 합니다. 이 외에도 학교에서 진행되는 다양한 연수 및 방과 후 학교 만족도 조사 등 학교에서는 매년 수십 차례의 설문과 평가가 진행됩니다.

하지만 이러한 과정은 종이 설문지로 이루어지는 경우가 많습니다. 설문지를 나누어주고, 응답을 수합하고, 수기로 분류하는 과정은 많은 시간과 노력이 소요될 뿐만 아니라 잘못 기록하거나 누락이 되는 경우가 생기기도 합니다. 혹은 다른 애플리케이션을 이용하는 경우 관리하고 확인해야 하는 사이트가 하나 더 늘어나게 됩니다. 특히 수업 시간에 이루어지는 간단한 형성평가나 퀴즈는 학생들의 성취도를 즉각적으로 파악할 수 있어야 하지만, 종이로 보는 퀴즈는 결과를 확인하고 피드백을 제공하는 데까지 시간이 걸립니다.

이러한 불편한 점들을 해결하고자 찾아낸 도구가 바로 Microsoft Forms 입니다. Forms는 MS 365 플랫폼 중 하나로, 퀴즈부터 과제 제출, 응답 수합, 자동 채점, 결과 분석까지 전 과정을 통합적으로 지원하여 학교 업무와 수업 및 평가를 효율적으로 할 수 있도록 도와줍니다. 이 챕터에서는 학교 현장에서 Forms를 어떻게 효과적으로 활용할 수 있는지 구체적인 사례와 함께 알아보겠습니다.

Forms는 다음과 같은 일들을 할 수 있습니다.

❶ **새 학기 자기소개서**: 새 학기가 시작될 때 학생들에게 Forms 링크를 제공하여 Forms를 통해 자기소개서를 작성하여 제출하게 할 수 있습니다.
❷ **학교 만족도 조사**: Forms는 학부모 만족도 조사, 자유 학기(년)제 만족도 조사, 방과 후 학교 운영 평가 등 학교 운영의 개선을 위한 설문으로 사용할 수 있습니다.
❸ **과제 제출**: 파일 제출 기능을 통해 학생들은 과제를 간편하게 제출할 수 있습니다.
❹ **수업 중 간단한 형성평가**: 수업 중 배운 내용을 곧바로 확인하기 위해 형성평가 도구로 Forms를 사용할 수 있습니다. Forms는 객관식과 주관식 등 다양한 형식의 문항을 지원하며, 자동 채점으로 결과를 즉시 확인할 수 있습니다.

이처럼 Forms는 단순한 설문조사 도구가 아니라 학교 현장에서 다양한 평가와 자료 수합을 효율적으로 처리할 수 있는 디지털 도구입니다.

Lesson 02

Forms 사용 방법

Microsoft Forms는 MS 365 플랫폼에 포함된 간편하고 쉬운 설문 및 평가 도구로, 학교에서 이루어지는 다양한 평가와 설문을 효율적으로 할 수 있도록 도와줍니다.

Forms는 웹 기반으로 제공되며, 별도의 설치 없이 인터넷만 연결되어 있으면 언제 어디서나 사용할 수 있습니다. Office 제품이기에 Forms 또한 별도의 설치 없이 https://office.com/ 또는 https://forms.microsoft.com/에 교육청 라이선스가 부여된 MS 계정으로 로그인하면 웹 기반으로 사용할 수 있습니다.

또한 최적화가 잘 되어 있어 PC, 태블릿, 스마트폰 등 모든 기기에서 편안하게 접근할 수 있다는 장점이 있습니다.

Lesson 03

Forms를 학교에서 활용하는 방법

Forms를 학교에서 활용하는 방법들을 자세히 살펴보겠습니다.

기초 조사 도구

새 학년이 시작되면 학급 학생들을 대상으로 자기소개 설문을 하기도 합니다. 이때 종이 설문지 방식을 선택하면 시간이 오래 걸리고, 학생들의 글씨를 해석하거나 내용을 분석하는 데 큰 노력이 필요합니다. Forms는 이러한 번거로움을 줄일 수 있도록 도와줍니다. 학생들은 Forms를 통해 스마트폰에서 간단히 설문에 응답할 수 있으며, 담임 교사는 응답을 자동으로 Excel 파일로 정리할 수 있습니다.

사용 방법은 간단합니다. 일단, 기본적으로 객관식과 주관식 유형을 선택하여 질문하고, 질문의 내용이 길어지는 것 같으면 섹션을 나누어 학생들이 더욱 집중하여 답변할 수 있도록 할 수 있습니다.

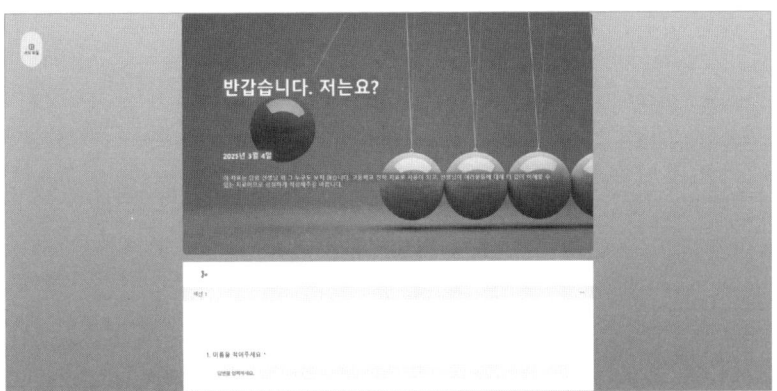

▲ 자기소개서 Forms 설문 화면

☞ Forms로 설문을 만드는 방법이 궁금하다면

https://sway.cloud.microsoft/HFsIQ0C5HZCX0ad7?ref=Link
(Microsoft Forms #1 참고)

위와 같은 예시로 만든 Forms로 수합한 학생들의 응답은 자동으로 Excel 파일로 정리됩니다. 학생들의 이름, 연락처, 관심사, 좋아하는 과목이나 장래 희망 등 다양한 항목을 표 형식으로 깔끔하게 정리할 수 있습니다. Forms의 이러한 자동 정리 기능 덕분에 교사는 학생들의 응답을 조금 더 쉽고 편리하게 필터링하고 검색할 수 있으며, 전체 학급의 성향을 빠르게 파악할 수 있습니다.

또한 여기에 덧붙여 Forms로 수합한 Excel 파일은 Microsoft의 Copilot을 통해 학생 한 명 한 명의 특징을 자동으로 정리할 수 있습니다. (Copilot은 교육청 라이선스가 부여된 MS 계정을 사용하면 무료로 사용할 수 있습니다.) 학생들의 응답을 받은 Excel 파일을 Copilot에 전달하여 학생 한 명 한 명의 데이터를 줄글로 바꾸어 AI의 도움을 받아 학생들의 특징을 조금 더 쉽게 알

수 있습니다.

- **김OO**: (감각적이고 창의적인 성향) 화장품과 옷 쇼핑을 취미로 삼고 있으며, 옷 코디를 잘하는 것이 장점이라고 합니다. 이는 미적 감각과 자기표현에 관한 관심이 높다는 것을 보여줍니다.
- **박OO**: (학습에 관한 관심과 계획) 아직 구체적인 꿈은 없지만, "진로에 대해 생각할 것이다"라고 밝히며 미래에 대한 고민과 준비를 시작하고 있습니다.

이렇게 Copilot의 도움을 받아 학생들의 특징을 자동으로 정리하면, 교사는 빠르게 학생들을 파악할 수 있으며, 개별 상담이나 학부모 상담 등 다양한 학교활동에 매우 유용하게 활용할 수 있습니다.

▲ Copilot으로 학생 개개인의 특징을 알아보는 과정

설문 도구

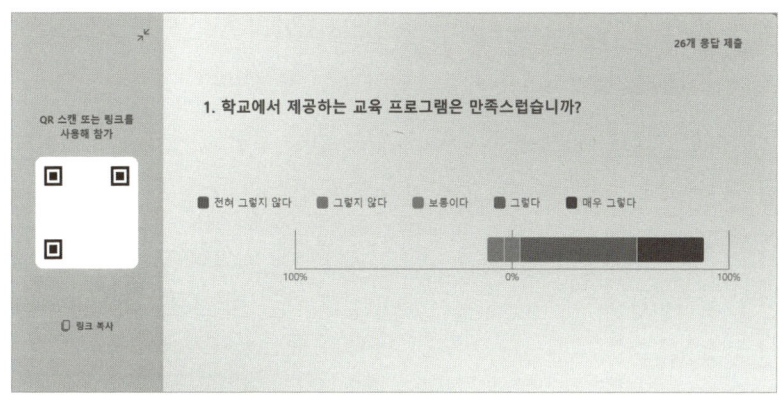

▲ Forms 응답 프레젠테이션 응답 예시

☞ Forms 응답 프레젠테이션을 보는 방법이 궁금하다면

https://sway.cloud.microsoft/8g7yMlCpbiXSGwNH?ref=Link
(Microsoft Forms #5- Forms 프레젠테이션 참고)

학교에서는 학부모, 학생, 교직원을 대상으로 다양한 설문조사를 진행합니다. 학부모 만족도 조사, 자유학기제 만족도 조사, 방과 후 프로그램 만족도 조사 등 학부모와 학생을 대상으로 하는 설문이 정기적으로 실시됩니다. 이러한 만족도 조사나 설문을 토대로 학교 운영을 개선하고 교육 주체의 만족도를 높일 수 있습니다. 또한 교사는 학급 운영을 위해 학생들의 의견을 수합하거나, 학급 활동에 대한 만족도를 조사하기도 합니다. 학교 연수가 마친 후에는 교직원 대상의 연수 만족도 조사가 이루어지며, 이를 통해 연수 효과성과 개선점을 확인할 수 있습니다.

하지만 전통적인 종이 설문지 방식과 같은 수작업 방식은 응답 수합과 분석이 번거롭고, 데이터 누락이나 잘못된 입력, 해석의 오류가 발생할 수 있습니다. 특히 설문 결과를 다시 정리하거나 통계적으로 분석할 때 시간이 오래 소요되며, 데이터의 신뢰성도 떨어질 수 있습니다.

Forms는 이러한 문제를 해결할 수 있는 설문 도구로, 우리에게 편리함을 제공합니다. 사용 방법도 매우 간편하고 배포 방식도 간단합니다. 또한 Forms의 프레젠테이션 기능을 통해 설문 결과를 실시간으로 그래프나 차트로 시각화할 수 있으며, 교직원 회의나 학부모 설명회에서 즉시 공유할 수 있습니다.

빠른 피드백을 할 수 있는 형성평가 도구

▲ Forms를 활용하여 형성평가를 하는 예시

수업 중 형성평가는 학생들의 이해도를 빠르게 점검하고, 필요한 경우 즉각적으로 피드백을 제공할 수 있는 좋은 도구입니다. 종이나 교과서에 있는 내용을 학생들이 스스로 풀고 질문하도록 하면 소심한 학생들은 질문을 따로 하지 못하는 경우가 생길 수 있고, 학생들이 전반적으로 잘 이해했는지도 알기 어렵습니다. 게다가 종이 활동지를 활용하는 경우에는 피드백을 제공하는 데까지 시간이 오래 소요되기도 합니다.

이러한 문제를 해결하기 위해 형성평가 도구로 Forms를 사용하면 학생들은 문제를 풀고 즉시 결과를 확인할 수 있습니다. 학생들이 문제를 풀고 제출하면 자동으로 채점되어 정답을 곧바로 확인할 수 있고, 교사는 학급의 정답률과 오답 패턴을 실시간으로 확인할 수 있습니다. 이를 통해 학생들은 자신의 이해도를 즉시 확인하고, 부족한 점을 교사에게 질문하거나 옆

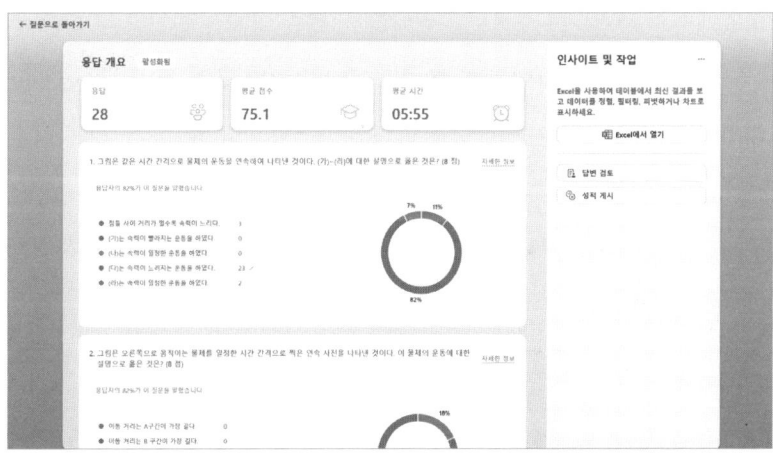

▲ Forms로 문제 응답을 확인하는 화면

☞ Forms 응답을 보는 방법이 궁금하다면

https://sway.cloud.microsoft/8g7yMlCpbiXSGwNH?ref=Link
(Microsoft Forms #5- Forms 응답 보기 참고)

친구에게 물어보는 식으로 즉각적으로 보완할 수 있으며, 교사는 전체 학생들의 이해도를 빠르게 파악하여 수업 내용을 유연하게 조절할 수 있습니다.

Forms를 통해 형성평가를 단순한 퀴즈를 넘어 완전학습으로 다가갈 수 있는 도구로 만든다는 점이 핵심입니다. Forms 활용을 통해 학생들은 틀린 문제를 곧바로 확인하고, 부족한 개념을 주변 친구와 교사에게 물어 다시 학습할 수 있으며, 교사는 전체 학급의 성취도를 바탕으로 추가 설명이나 해설을 계획할 수 있게 되어 완전학습에 다가갈 수 있습니다.

과제 제출

과제 제출은 학생들의 성취도를 평가하고, 학습 과정을 점검할 수 있는 중요한 교육 활동 중 하나입니다. 하지만 종이 과제는 제출 당일 가져오지 않거나 분실 위험이 있고, 이메일로 파일을 제출받으면 파일을 하나씩 다운로드하거나 제출 여부를 확인하는 데 번거로움이 발생할 수도 있습니다.

Forms는 이러한 문제를 해결할 수 있는 좋은 MS의 도구입니다. 학생들은 스마트폰이나 개인 디지털 기기에서 파일을 곧바로 업로드할 수 있으며, 교사는 학생들이 제출한 모든 파일을 한곳에서 쉽게 관리할 수 있습니다.

▲ Forms로 학생이 제출한 포트폴리오

다. 이미지, PDF, Word, 동영상 등 다양한 형식의 파일을 최대 1GB까지 지원합니다. 제출된 파일은 앞서 알아본 OneDrive에 자동 저장되고, 응답 Excel에는 링크 형태로 자동 기록되어 미제출 학생도 쉽게 파악할 수 있습니다.

이렇게 Forms를 통해 제출된 파일은 단순한 과제 제출을 넘어, 학생들의 디지털 포트폴리오로 활용될 수 있습니다. 학생들은 학기 중 제출한 과제와 보고서를 차례로 누적하여 확인할 수 있으며, 교사는 각 학생의 성취도 변화를 한눈에 파악할 수 있습니다. 예를 들어, 국어 수업 시간에 한 글쓰기 활동의 경우 1학기와 2학기에 제출한 에세이를 비교하여 학생의 글쓰기 실력의 향상을 확인할 수 있습니다. 과학 수업의 경우에는 학생이 제출한 과학 보고서의 구조와 내용을 모두 점검할 수 있어서 실험 이해도를 종합적으로 평가할 수 있습니다.

이러한 디지털 포트폴리오는 학습의 기록을 체계적으로 관리할 수 있다는 점에서 학생들에게도 의미가 있습니다. 학생들은 자신의 과제를 누적하여 볼 수 있으며, 학습 과정에서 자신의 발전 과정을 직접 확인할 수 있습니다. 또한 교사는 학생들의 개별 성장을 구체적으로 파악할 수 있습니다. 따라서 학부모 상담이나 진로 상담을 할 때 학생의 포트폴리오를 통해 구체적인 성장을 시각적으로 보여줄 수 있어 학부모와 학생 모두에게 신뢰를 줄 수 있습니다.

즉, Forms는 단순한 과제 제출 도구만이 아니라 학생들의 학습 기록을 체계적으로 관리할 수 있는 디지털 포트폴리오가 될 수 있습니다.

지금까지 Forms를 학교에서 사용할 수 있는 여러 가지 상황에 대해 알아보았습니다. 약간의 과장을 보태자면, 설문과 평가가 많은 학교에서

Forms를 이용하면 시간을 많이 단축하고 정확한 결과를 얻고 분석을 쉽게 할 수 있다고 할 만큼 무궁무진한 가능성과 활용성을 가지고 있습니다. 이 외에도 다양한 형식의 질문을 활용해서 설문과 퀴즈를 다양하게 표현할 수 있는 기능이 있습니다.

나아가 Forms는 작성이 쉽고, 데이터 수합이 편리하며, 수합한 데이터를 누구나 쉽게 분석 및 정리할 수 있는 장점이 있습니다.

지면에 다 담지 못한 기능은 https://microsofta3.com/ 사이트에서 Forms 부분을 차근차근 읽어가면서 따라 해 보면 더 많은 Forms의 기능을 경험할 수 있을 것입니다. 시간을 절약하고 편리성을 주는 Forms를 적극 추천합니다.

Chapter 10

카드뉴스와 웹 프레젠테이션을 작성하는 Sway

Lesson 01

Sway로 할 수 있는 일들

학교에서 수업자료를 준비하는 것은 많은 시간을 요구합니다. 특히 연차가 낮을수록 수업을 위한 자료를 만드는 데 시간이 오래 걸리곤 합니다. 대부분의 수업자료는 PowerPoint나 PDF 형식으로 제작되어, 정적인 이미지와 텍스트의 조합으로 만들어지는 경우가 많습니다. 이렇게 만들어진 수업자료는 정제된 텍스트와 필요한 이미지만 들어있어 정보 전달에는 효과적일 수 있지만, 시각적으로 주의를 끌지 못하여 자칫 학생들에게는 지루하게 다가올 수 있다는 단점이 있습니다.

또한 학생들이 조별 활동을 하거나 프로젝트 활동을 할 때 활동 안내문 등은 여전히 종이로 전달되거나 텍스트로만 간단히 안내되는 경우가 많습니다. 이러한 안내문은 시각적으로 매력적이지 못하거나 정보를 한눈에 확인하기 어려워 다시 교사에게 질문으로 돌아오곤 합니다. 더불어 학생들이 발표를 할 때도 PowerPoint를 사용하는 경우가 많은데, 기능은 매우 다양하나 학생들이 사용할 수 있는 디자인과 콘텐츠 구성이 제한적이어서 창의적이고 시각적인 이끌림을 갖는 발표자료를 만들기 어렵습니다.

이러한 문제를 쉽게 해결할 수 없을까 고민하다가 찾은 것이 바로 Microsoft Sway입니다. Sway의 간단하고 편리한 기능을 이용하여 교사에게는 시간 절약과 효율성을, 학생에게는 창의성과 자기주도성을 기를 수 있는 기회를 제공해 주는 방법에 대하여 알아보겠습니다.

Sway는 다음과 같은 일들을 할 수 있습니다.

❶ **간단한 수업 콘텐츠 제작**: 이미지와 텍스트를 조합하여 직관적이고 시각적인 수업자료를 손쉽게 제작할 수 있습니다.

❷ **카드뉴스**: 학생이 프레젠테이션을 위한 자료를 제작할 때 카드 형식으로 시각화하여 내용을 전달할 수 있습니다.

❸ **반응형 안내문**: 학교 관련 안내문이나 수업 안내 및 공지 등을 웹페이지 형식으로 제작하여, PC나 스마트폰, 태블릿 등에서 모두 쉽게 확인할 수 있습니다.

이처럼 간단한 기능을 통해 Sway라는 하나의 툴만으로도 학교에서 꾸밈 효과를 곁들인 간단한 프레젠테이션을 만들 수 있습니다.

Lesson 02

Sway 사용 방법

Microsoft Sway는 MS 365 플랫폼에 포함된 직관적인 프레젠테이션 제작 도구입니다. 학교에서 반응이 있고 상호작용적인 학습자료를 쉽게 제작할 수 있도록 도와줍니다.

Sway는 웹 기반으로 제공되는 도구로, 별도의 설치 없이 인터넷만 연결되어 있으면 언제 어디서나 사용할 수 있습니다. Office 제품이기에 Sway도 Forms와 마찬가지로 https://office.com/ 또는 https://sway.microsoft.com/에 교육청 라이선스가 부여된 MS 계정으로 로그인하면 웹 기반으로 사용할 수 있습니다.

또한 Sway는 반응형 디자인을 선택할 수 있어서 PC, 스마트폰, 태블릿 등 모든 기기에서 최적의 화면 비율을 지원하며, 프레젠테이션을 쉽게 제작하고 공유할 수 있는 도구입니다.

Lesson 03

Sway를 학교에서 활용하는 방법

Sway를 학교에서 활용하는 방법들을 자세히 살펴보겠습니다.

간단한 수업 콘텐츠 제작

Sway는 간단하고 직관적인 사용자 인터페이스(User Interface)를 가진 MS의 도구 중 하나로서, 교사가 수업 준비를 위한 프레젠테이션 도구나 수업자료를 만드는 데 걸리는 시간을 크게 줄여줍니다. 기존의 종이 자료나 PDF와 같이 정적인 자료와는 달리, Sway는 이미지와 텍스트, 링크 등을 자유롭게 결합할 수 있어서 시각적이고 상호작용적인 콘텐츠를 더 쉽게 제작할 수 있습니다. 이러한 점은 특히 연차가 낮은 교사에게 큰 도움이 될 수 있습니다. 복잡한 디자인 작업과 서식 작업 없이도 직관적인 인터페이스를 통해 수업자료를 빠르게 구성할 수 있기 때문입니다.

두 가지 예를 들어보겠습니다.

❶ 역사 수업에서 '중세 시대의 건축 양식'을 주제로 한 수업자료를 제시해 보겠습니다. Sway에는 건축 양식의 이미지를 스택 형식으로 제시하고, 그 아래에 짧은 설명을 텍스트로 넣을 수 있습니다. 설명을 위한 텍스트 아래에 관련 링크를 추가하여 학생들이 더 깊이 있는 자료를 볼 수 있도록 할 수 있습니다. 이로써 학생들이 자율적으로 학습하는 효과를 낼 수 있습니다.

▲ 건축 양식 알아보기 Sway 수업자료

☞ Sway를 체계적으로 사용하는 자세한 방법이 궁금하다면

https://sway.cloud.microsoft/uYfUKaqH5erPimuD?ref=Link
(Microsoft Sway #1 참고)

❷ 과학 수업에서 Sway를 이용하여 실험 과정을 제시할 수 있습니다. 교사는 실험 영상 링크를 Sway에 연결하고, 각 실험 단계별로 짧은 설명을 추가해 둡니다. 이렇게 학생들에게 실험 과정을 안내하면 학생들은 정적인 자료가 아닌 시각적 자료를 통해 실험

영상을 반복적으로 확인하여 스스로 탐구할 수 있습니다.

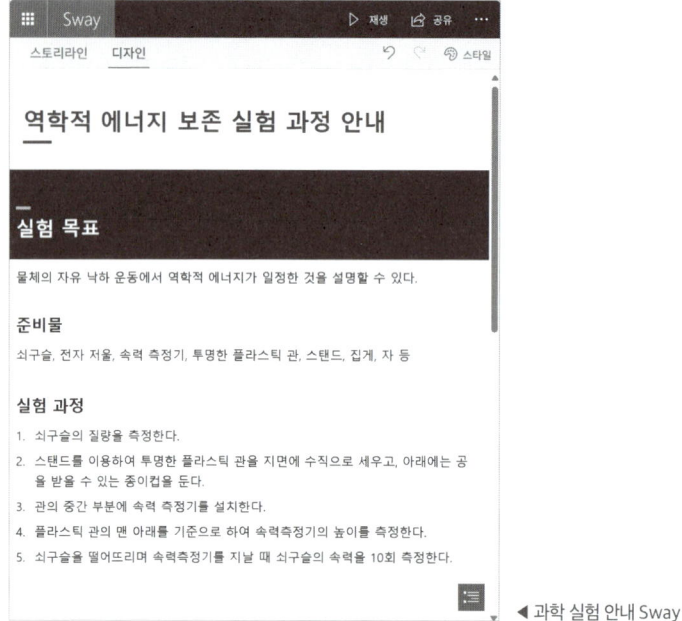

◀ 과학 실험 안내 Sway

이처럼 Sway를 통해 수업자료를 제시하면 교사는 비교적 짧은 시간 안에 직관적이고 시각적인 자료를 손쉽게 만들 수 있어서 효율성 증진에 도움이 됩니다. 또한 학생들도 단순히 텍스트로 설명된 자료를 보는 것이 아니라 링크된 자료를 통해 다양한 자료를 직접 탐색하고 반복 학습을 할 수 있습니다. Sway는 교사에게는 시간 절약과 효율성을, 학생에게는 자기주도적 학습 역량을 키워주는 도구입니다.

Sway로 만드는 카드뉴스

Sway는 다른 프레젠테이션 도구들에 비해 상당히 간단하고 직관적인 UI를 가진 도구로서, 카드뉴스 형식의 시각적 자료를 쉽게 제작할 수 있습니다. 특히 세로 및 가로 스크롤 형식의 자동 애니메이션과 다양한 디자인 옵션을 제공하여, 학생들이 마치 웹페이지에서 정보를 찾듯이 학습자료를 자유롭게 탐색할 수 있습니다.

국어 시간의 예를 들어보겠습니다. 수업 시간에 어느 시인의 시를 읽고 이와 관련된 카드뉴스를 제작하는 활동을 진행할 수 있습니다. 학생들은 자신이 선택한 시를 그림으로 표현하고, 그 아래에는 시에 대한 감상문이나 본인의 해석을 간단히 덧붙일 수 있습니다. Sway에 이미지와 텍스트를

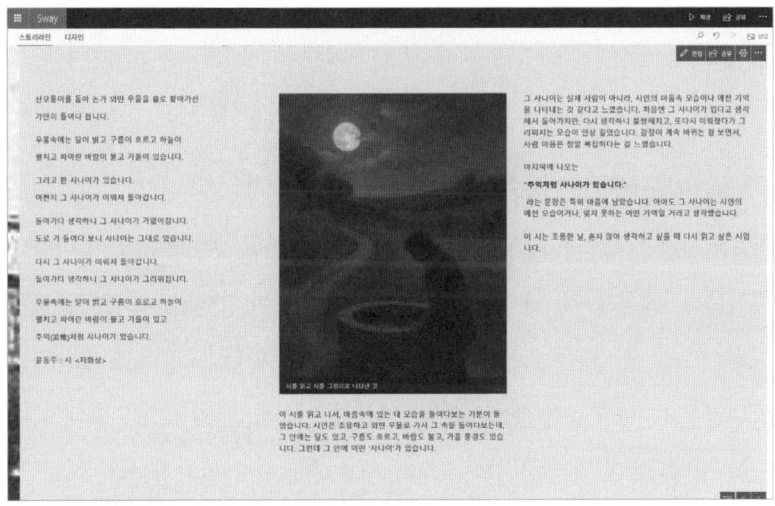

▲ 시화 카드뉴스 만들기

☞ Sway에 여러 가지 요소를 추가하는 방법이 궁금하다면

https://sway.cloud.microsoft/urEHwGqkuGPpAzVA?ref=Link
(Microsoft Sway #2 참고)

삽입하게 되면 스크롤을 할 때마다 각 시화가 자연스럽게 전환되며, 학생들은 다른 친구들의 작품을 더욱 몰입해서 볼 수 있습니다.

또한 시인의 생애와 대표작을 카드 형식으로 구성하면 학생들이 시에 대한 배경지식도 자연스럽게 학습할 수 있습니다. 만약 더 깊이 있는 자료가 필요한 경우에는 이미지나 텍스트 아래에 관련 링크를 삽입하여 더욱 폭넓은 학습을 도모할 수 있습니다. 이렇게 제작한 학생들의 Sway를 링크로 서로 연결한다면 온라인 시화전이 될 수 있습니다.

이러한 방식으로 Sway는 단순한 정적인 수업자료가 아닌, 학생들이 스스로 탐색하고 학습할 수 있는 카드뉴스형 학습자료로 활용될 수 있습니다. 또한 학생들의 창의적인 표현을 디지털로 기록할 수 있는 좋은 도구입니다.

Sway로 만드는 반응형 안내문

학교에서는 학생들과 학부모에게 안내 사항을 전달해야 하는 일이 비일비재합니다. 예를 들어, '졸업 앨범 촬영 안내'와 같이 학년별, 시기별로 정확하게 정보를 전달해야 하는 안내문은 특히 중요합니다. 종이로 전달되는 안내장은 다른 활동지 사이에 끼여 분실하기 쉽고, 문자를 이용하게 되면 줄글 형태이므로 내용이 길어질수록 정보 전달력이 떨어집니다. 이럴 때 유용하게 활용할 수 있는 MS 365 도구가 바로 Sway의 반응형 안내문 기능입니다.

Sway는 사용자의 화면 크기에 맞춰 콘텐츠를 자동으로 재배치하는 반응형 디자인을 제공합니다. 따라서 모바일, 태블릿 그리고 PC에서도 창의 크기에 맞춰 안내문을 편하게 읽을 수 있습니다. 반응형 안내문의 예시로

'졸업 앨범 촬영 안내'를 들어보겠습니다.

졸업 앨범 촬영 안내문을 만들 때 날짜, 촬영 항목, 복장 안내, 주의사항 등을 각각의 블록으로 구분하면 정보를 한눈에 볼 수 있습니다. 이미지와 텍스트를 함께 삽입할 수 있어서 예시 사진과 설명을 동시에 보여줄 수 있는 것도 큰 장점입니다.

▲ 졸업 앨범 촬영 안내문

☞ Sway의 디자인을 간단하게 변경하는 자세한 방법이 궁금하다면

https://sway.cloud.microsoft/T3HhmsdFoDPwuACw?ref=Link
(Microsoft Sway #3 참고)

예를 들어, Sway의 제목을 '졸업 앨범 촬영 안내'라고 하고, 아래에 날짜(ex. 2025년 5월 15일)를 강조해서 배치합니다. 그 아래에는 실내·외 촬영 항

목을 구분하여 카드 형식으로 정리하면 됩니다. 각 촬영 항목별로 착용 복장, 촬영 지침, 예시 사진 등을 함께 배치하면 학생들이 더 직관적으로 내용을 이해할 수 있고, 이미지 형식의 예시 자료가 반응형으로 제시되므로 졸업 앨범 촬영 전 준비물이나 복장 착오도 줄일 수 있습니다.

지금까지 Sway가 학교에서 어떤 방식으로 활용될 수 있는지 살펴보았습니다. 간단한 수업 콘텐츠 제작에서부터 카드뉴스, 반응형 안내문에 이르기까지 Sway는 교사와 학생 모두에게 직관적이고 시각적인 자료를 간단하게 만들 수 있도록 해줍니다. 약간의 과장을 보태자면, 시각 자료가 필요한 대부분의 수업자료는 Sway 하나로 제작이 가능하다고 할 만큼 실용성과 확장성이 높은 도구입니다. 이 챕터에서 소개한 예시 외에도 학생들과의 소규모 테마 여행이나 수련활동, 체험학습 등의 추억을 모아두는 디지털 사진첩을 만드는 데도 사용할 수 있습니다.
이 책에서 다루지 못한 디자인 스타일 자동 추천, 공동 편집 기능, 임베드 등 다양한 요소가 있으며, 이를 활용하여 학생들과 함께 포트폴리오를 만드는 활동을 할 수 있습니다. 무엇보다도 Sway는 복잡한 디자인 작업 없이도 콘텐츠를 꾸밀 수 있도록 도와주기 때문에, 수업 준비 시간이 부족할 때 교사에게 도움을 주는 매우 유용한 플랫폼이라고 할 수 있습니다.

지면에 다 담지 못한 기능은 https://microsofta3.com/ 사이트에서 Sway 부분을 차근차근 읽어가며 따라 해 보면 더욱 풍부한 기능과 다른 MS 플랫폼과의 연동 가능성까지도 확인할 수 있을 것입니다. 쉽고 감각적인 학교 수업 및 안내자료 제작을 원한다면 Sway를 추천합니다.

Chapter 11

Whiteboard를 학교에서 활용하는 스마트한 방법

Lesson 01
Whiteboard로
할 수 있는 일들

최근 학교 현장에서는 전통적인 분필 칠판이 점차 사라지고, 전자칠판 등 디지털 도구로 빠르게 대체되고 있습니다. 이는 단순한 도구의 변화가 아니라, 교수 학습 방식의 전반적인 전환을 보여주는 흐름입니다. 학생들 역시 개인 디지털 기기를 적극 활용하면서, 교사와 학생이 실시간으로 소통하고 아이디어를 시각화할 수 있는 지속 가능한 온라인 협업 도구의 필요성이 커지고 있습니다.

이러한 변화에 발맞춘 스마트한 솔루션이 바로 Microsoft Whiteboard입니다. 이 도구는 디지털 기반 수업은 물론 팀 프로젝트나 회의에서도 자료 공유와 아이디어 정리에 탁월한 기능을 제공하며, 교육 현장의 효율성과 협업 역량을 크게 높여줍니다. 무엇보다 Microsoft Whiteboard는 학생들의 사고력과 창의성, 문제 해결력을 키우는 데 효과적입니다. 교사와 학생이 함께 참여하고 소통하는 수업 환경을 만들며, 학습의 몰입도와 참여도를 높여주는 교육적 가치를 지니고 있습니다.

혁신적인 협업 수업을 가능하게 하는 스마트한 도구 Microsoft Whiteboard는 다음과 같은 일들을 할 수 있습니다.

❶ **실시간 협업**: 학생들과 교사가 동시에 Whiteboard에 접속하여 생각을 공유하고 자료를 작성할 수 있습니다.

❷ **아이디어 시각화**: 포스트잇, 텍스트 상자, 이미지 삽입 기능을 통해 아이디어를 쉽게 정리하고 시각화할 수 있습니다.

❸ **다양한 템플릿 활용**: 브레인스토밍, 문제 해결, 수업 계획 등 다양한 상황에 맞는 템플릿을 제공합니다.

❹ **디지털 칠판**: 펜과 터치 기능으로 직접 손글씨, 그림을 그릴 수 있어 직관적인 설명과 이해를 돕습니다.

❺ **문서 연동**: PowerPoint, Word, PDF 파일을 Whiteboard에 쉽게 삽입하고 실시간으로 수정할 수 있습니다.

❻ **유튜브 데이터 모으기**: 유튜브 링크를 활용하여 한 화면에 다양한 유튜브 데이터를 모을 수 있습니다.

Lesson 02
Whiteboard 사용 방법

Whiteboard는 MS 365에 포함된 앱으로, 웹 버전과 설치형 앱 버전 모두 사용할 수 있습니다. 웹 버전은 별도의 설치 없이 브라우저에서 사용할 수 있으며, 설치형 앱은 윈도우 시작 메뉴에서 'Whiteboard'를 검색하여 쉽게 실행할 수 있습니다. 특히, MS 365 계정이 있는 경우 모든 기기에서 동일한 Whiteboard에 접속하여 협업이 가능합니다. 더불어 Teams의 팀 내에서 Whiteboard를 추가 앱으로 불러와 사용할 수 있습니다.

☞ 자세한 사용 방법은 https://support.microsoft.com/whiteboard에서 확인할 수 있습니다.

내 컴퓨터에 Whiteboard가 설치되어 있는지 궁금하다면 윈도우 시작에서 Whiteboard를 검색해 보면 됩니다.

▲ MS Store에서 Whiteboard를 검색하여 무료로 설치할 수 있습니다.

☞ Whiteboard를 설치하고 사용하는 자세한 방법이 궁금하다면

https://sway.cloud.microsoft/B1ysRIwdIV9ZpLJr?ref=Link
(Whiteboard #1 참고)

Lesson 03
Whiteboard를 학교에서 활용하는 방법

Whiteboard를 학교에서 활용하는 방법들을 자세히 살펴보겠습니다.

실시간 협업

교사와 학생이 동시에 하나의 Whiteboard에 접속해 글을 쓰고 자료를 추가하며 함께 작업하는 방식입니다. 교사가 Whiteboard를 개설하고 협업 링크를 공유하면 학생들이 쉽게 참여할 수 있습니다. 발표, 토론, 의견 수렴 등 다양한 수업 상황에서 실시간 협업이 가능하며, 원격 수업에서도 효과적으로 활용됩니다. 가장 기본적이고 직관적인 활용 방식입니다. 단, Whiteboard는 같은 조직에 소속된 사용자 간에만 협업이 가능합니다.

다음 사진은 Microsoft Makecode Arcade의 게임 수업 개발 방향을 정리하기 위하여 동료 교사들에게 링크를 전달하고 논의하기 위한 링크 공유 이전 사진입니다.

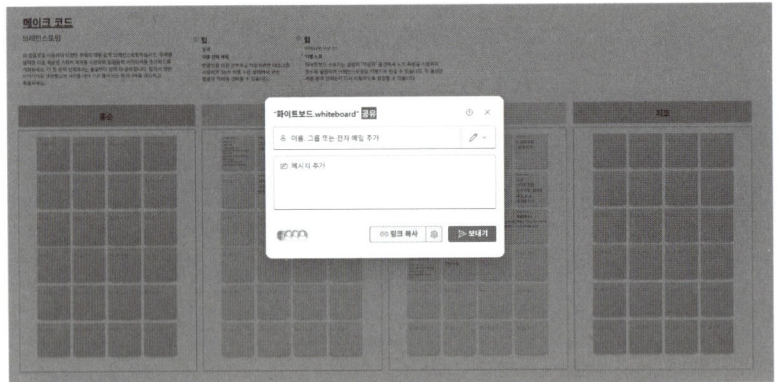

▲ Whiteboard 공유 링크를 활용하여 실시간 협업을 하는 사진

☞ Whiteboard를 활용하여 온라인 협업을 하는 방법이 궁금하다면

https://sway.cloud.microsoft/xA4O9Oy7WKBZdp28?ref=Link
(Whiteboard #4- 공유 링크를 통한 초대 참고)

아이디어 시각화

Whiteboard는 아이디어를 시각화하는 데 강력한 도구로, 수업 중 브레인스토밍이나 창의적 문제 해결 활동에서 특히 유용합니다. 학생들은 자기 생각을 포스트잇, 텍스트 상자, 이미지 등 다양한 형태로 표현할 수 있어서, 단순한 의견 제시에 그치지 않고 서로의 아이디어를 비교하고 발전시키는 과정까지 자연스럽게 이어집니다. 이를 통해 아이디어 산출과 수렴, 논리적 사고, 협력 기반 문제 해결력 등 핵심 역량을 효과적으로 길러낼 수 있습니다.

▲ Whiteboard를 활용하여 동아리 물품 아이디어를 모은 사진

☞ Whiteboard를 활용하여 온라인 협업을 하는 방법이 궁금하다면

https://sway.cloud.microsoft/xA4O9Oy7WKBZdp28?ref=Link
(Whiteboard #4-1. 협업을 통한 브레인스토밍 참고)

위 그림은 동아리 시간에 학생들이 1년 동안 진행하고자 하는 프로젝트 아이디어를 Whiteboard에 정리한 사례입니다. 학생들은 먼저 개별 메모장에 자신이 하고 싶은 실습형 활동 아이디어를 정리한 후 친구들과 공유하며 유사한 아이디어를 포스트잇 형식으로 Whiteboard에 분류했습니다. 이후 현실적으로 실현 가능하다고 판단되는 아이디어에 대해 따봉(👍)이나 하트(♥) 이모지를 활용해 투표를 진행하였고, 교사는 이 결과를 바탕으로 1년간의 동아리 활동 계획을 수립했습니다. 이러한 방식은 단순한 아이디어 정리 도구를 넘어, 학생 주도의 학급 회의, 토론 수업, 수업 참여 아이스브레이킹 활동 등 다양한 상황에서 유용하게 활용할 수 있습니다.

Whiteboard는 학생 개개인의 생각을 시각화하고, 이를 실시간으로 공유하며 집단적 의사 결정을 지원하는 도구로서 수업과 학급 운영에 큰 도움을 줍니다.

다양한 템플릿 활용 가능

Whiteboard는 단순한 디지털 칠판이 아닙니다. Whiteboard에는 아이디어의 발산과 수렴을 위한 다양한 교육용 템플릿이 내장되어 있으며, 이는 모두 교육학적 설계 원리에 근거하여 구성되어 있습니다. 이는 단순히 수업자료를 시각화하는 도구에 그치지 않고, 학생 중심의 문제 해결 수업 설계를 가능하게 합니다. 특히 21세기 교육의 핵심 방향인 창의적 문제 해

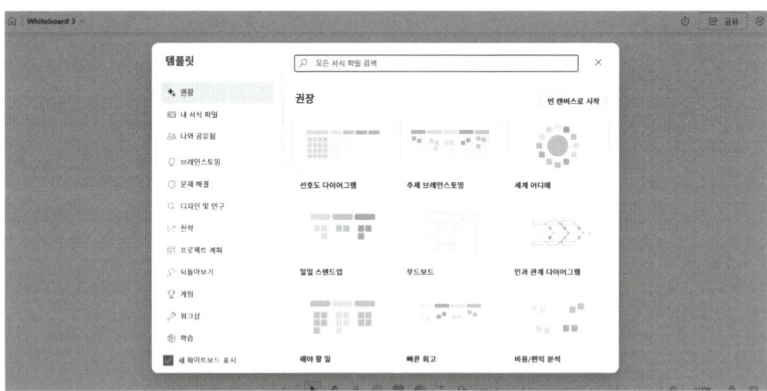

▲ Whiteboard에서 제공하는 다양한 템플릿들

☞ Whiteboard에서 제공하는 다양한 템플릿의 종류가 궁금하다면

https://sway.cloud.microsoft/Dk9drbT5c1doIIvZ?ref=Link
(Whiteboard #2 참고)

결 기반 수업 흐름(❶ 문제확인→ ❷ 아이디어 발산→ ❸ 아이디어 수렴 및 구조화→ ❹ 실행→ ❺ 피드백 및 개선)을 디지털로 구현할 수 있도록 돕습니다. 이 중 아이디어 발산과 아이디어 수렴 및 구조화 단계에 특화되어 있는 플랫폼입니다.

Whiteboard에는 수업과 학습활동에 활용할 수 있는 다양한 템플릿이 제공됩니다. 그중에서도 학생들과 함께 사용할 수 있는 추천 템플릿으로는 **[문제 해결]** 템플릿의 5Why's Gap(파이브 와이즈 갭)과 **[프로젝트 계획]**의 목표 설정 템플릿 등이 있으며, 이는 교실 상황과 수업 주제에 따라 자유롭게 선택해 활용할 수 있습니다.

특히 학습 계획 수립 및 자기 성찰을 유도하기 위해 '목표 설정 템플릿'을 활용한 사례는 다음과 같습니다.

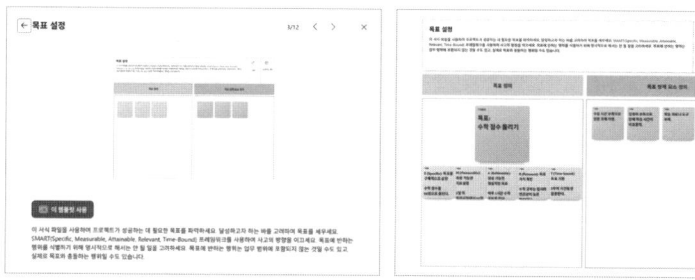

▲ 프로젝트 계획에 '목표 설정' 템플릿을 활용하여 수학 점수 올리기 활동을 진행한 화면

학생들은 목표 설정 템플릿을 통해 자신의 학습 목표를 명확히 설정하고, 그 목표 달성에 방해가 되는 요소를 스스로 성찰할 수 있도록 구성되어 있습니다. 교사는 학생들에게 Whiteboard를 통해 목표 설정 템플릿을 사용하게 한 뒤, Microsoft Forms나 Teams의 과제 제출 기능을 통해 학생

의 결과물을 수합할 수 있습니다. 이렇게 수집된 데이터는 학습 상담자료로도 활용이 가능하며, 학생 개개인의 학습 태도와 동기, 장애 요인을 파악하는 데 유용한 자료로 활용됩니다.

Whiteboard는 단순한 칠판 기능을 넘어, 이처럼 학생의 자기주도적 학습과 교사의 교육적 피드백을 효과적으로 연결해 주는 스마트한 도구로 활용될 수 있습니다.

☞ 학생들과 목표 설정 템플릿을 사용하는 방법이 궁금하다면

https://sway.cloud.microsoft/gV9qAQXsbsfMLtVd?ref=Link
(Whiteboard #5-2. 목표 설정 템플릿 참고)

모든 판서가 데이터화되는 디지털 칠판

Whiteboard는 터치 디바이스에서 펜 도구를 활용해 손글씨 입력과 자유로운 도식 표현이 가능하며, 이는 수학, 과학, 기술공학, 미술 등 시각적 설명이 중요한 수업에서 특히 효과적입니다.

수학 시간에는 좌표 그래프나 기하 구조를 직접 그리며 개념을 설명할 수 있고, 과학 시간에는 세포 구조나 실험 설계를 시각화할 수 있으며, 기술공학 수업에서는 회로도나 알고리즘 흐름을 실시간으로 그려 이해를 도울 수 있습니다. 미술과 디자인 수업에서는 아이디어 드로잉이나 패턴 구성을 공동작업 링크를 통해 학생들과 실시간으로 공유하고 기록할 수 있어 창의적 표현 활동에 적합합니다.

교사는 수업 중 발생하는 질문, 설명, 강조 등을 손글씨로 즉시 기록하고 저장할 수 있으며, 이러한 기록은 자동으로 데이터화되어 수업자료로 재활용되거나 학생들과 공유 링크를 통해 확산시킬 수 있습니다.

Whiteboard는 전통적인 칠판의 장점을 계승하면서도 수정, 저장, 공유가 가능한 디지털 환경의 이점을 더해 수업의 몰입도와 확장성을 높이는 스마트한 교수 도구입니다. 더불어 과거에 판서한 모든 기록이 '데이터화'되고 저장, 관리에 용이하며 '공유' 링크를 통해 학생들에게 제공하는 것 또한 강력한 기능 중 하나입니다.

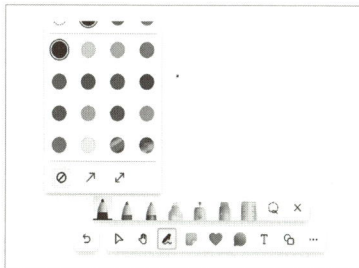 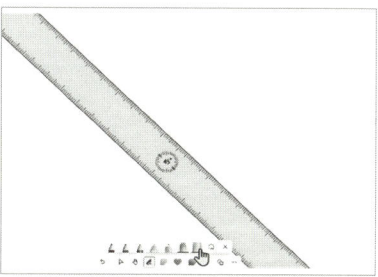

▲ Whiteboard에서의 판서를 위한 다양한 펜 툴 및 자를 사용한 도형 그리기 화면

☞ 학생들과 Whiteboard를 디지털 칠판으로 활용하는 방법이 궁금하다면

https://sway.cloud.microsoft/DxNRQFMof1RxT8Fl?ref=Link
(Whiteboard #3 참고)

문서를 연동한 Whiteboard

Whiteboard는 PowerPoint, Word, PDF와 같은 다양한 문서를 보드 위에 직접 삽입하여 수업자료로 활용할 수 있는 문서 연동 기능을 제공합니다

다. 교사는 수업 중 필요한 문서(교과서 PDF, 논문, 스프레드 시트 데이터 자료 등)를 실시간으로 띄워 주석을 달거나 내용을 설명할 수 있으며, 학생들과 함께 문서 내용을 논의 및 토론하면서 상호작용을 하며 수업을 이끌어 갈 수 있습니다. 특히 수업 중 변경된 내용이 자동 저장되고, 공동작업 참여자와 즉시 공유되기 때문에 스마트 태블릿이 보급된 환경에서 매우 효과적입니다. 이러한 문서 연동 기능은 기존의 프레젠테이션 방식보다 학습자와 상호작용하는 효과성이 높아, 교실 수업뿐 아니라 회의, 프로젝트 수업, 학부모 설명회 등 다양한 교육 상황에서 폭넓게 활용될 수 있습니다.

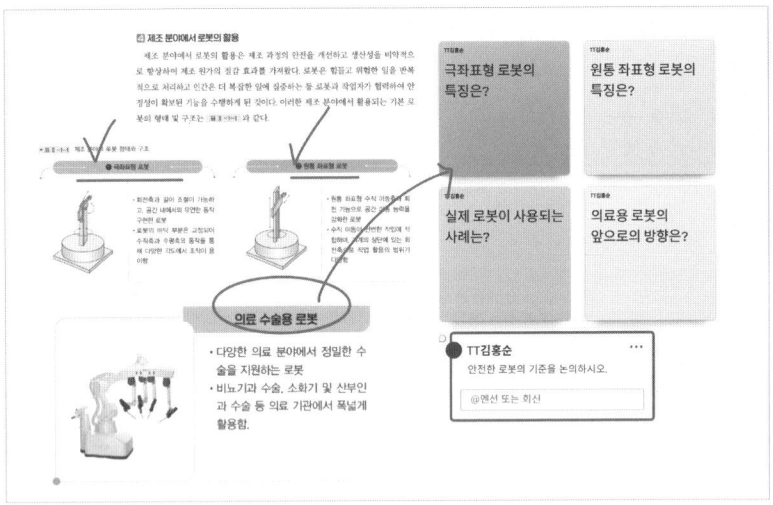

▲ 교과서 PDF를 Whiteboard로 불러오고, 판서 및 메모, 멘션 기능을 활용하여 수업하는 사진

☞ Whiteboard에 교과서 PDF를 넣고 수업하는 방법이 궁금하다면

https://sway.cloud.microsoft/L1Y23pziSYdqCrxV?ref=Link
(Whiteboard #6-1. 문서를 연동한 Whiteboard 활용 참고)

유튜브 데이터 모으기

Whiteboard는 유튜브 링크를 삽입할 경우 단순한 주소가 아닌 영상 자체를 보드 위에 재생 가능한 형태로 보여주는 기능을 제공합니다. 이 기능을 활용하면 교사는 다양한 주제의 유튜브 자료를 한 화면에 배열하여 비교하고 토론하는 수업 설계가 가능하며, 학생들은 클릭 한 번으로 각 영상을 재생하면서 다양한 시청각 자료를 한데 모아 학습할 수 있는 환경이 만들어지게 됩니다.

예를 들어, 재현고등학교 로봇공학 캠퍼스 수업에서는 '2024~2025년 사이 개발된 대표 로봇 기술'을 주제로 최신 로봇 기술 관련 영상을

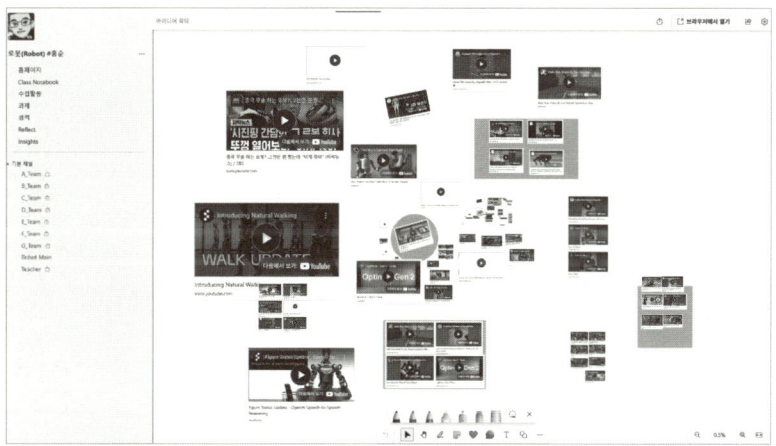

▲ MS Teams의 팀에서 Whiteboard를 불러와 다양한 로봇 영상 유튜브 데이터를 수합한 수업

☞ 유튜브 데이터를 한 번에 모으는 수업 방법이 궁금하다면

https://sway.cloud.microsoft/L1Y23pziSYdqCrxV?ref=Link
(Whiteboard #6-2. 유튜브 데이터 한 번에 모으기 참고)

Whiteboard에 정리하고, 이를 공유 링크로 제공하여 학생들이 동시에 다양한 로봇 데이터를 탐색하고 분석할 수 있도록 수업을 구성하였습니다. 이처럼 Whiteboard의 유튜브 연동 기능은 멀티미디어 자료를 중심으로 한 비교, 분석, 탐구 활동에 매우 유용하며, 자료 수집과 시각적 정리에 탁월한 학습 환경을 제공합니다. 나아가 각 영상 옆에 판서를 하거나 메모를 붙여 각자의 생각을 정리할 수도 있습니다.

Whiteboard는 단순한 디지털 칠판이 아니라, 수업 설계, 협업, 아이디어 정리, 평가, 상담, 프로젝트 기획까지 포괄하는 스마트한 교육 플랫폼입니다. 실시간 협업, 다양한 템플릿, 문서 연동, 교수자 및 학습자 피드백 기능 등은 교사의 수업을 돕고 학생의 참여를 이끌어 낼 수 있는 강력한 도구입니다. 특히 문제 해결 중심 수업 구조와도 자연스럽게 연결되어 21세기 역량 중심 수업을 실현하는 데 큰 도움이 됩니다. 수업의 모든 순간을 담고 정리할 수 있는 Whiteboard는 학교 현장에서 꼭 활용해야 할 필수 도구입니다.

더 많은 기능과 구체적인 사용 방법은 https://microsofta3.com/ 사이트의 Whiteboard 섹션을 차근차근 따라가며 실습해 보기를 추천합니다. 스마트 태블릿이 보급된 상황에서 교사에게 꼭 필요한 필수 앱으로 교수 학습 활동에서 사용하면 좋습니다.

Chapter 12

Clipchamp를 학교에서 활용하기

Lesson 01
Clipchamp로 할 수 있는 일들

학교 현장은 다채로운 학습자료와 방식이 공존하는 멀티미디어 중심 환경으로 변화하고 있습니다. 특히 디지털 네이티브 세대인 학생들은 문자 기반 자료보다 시청각 기반 자료에 더 높은 몰입도를 보이며, 이를 활용한 수업의 형태도 다양하게 활용되고 있습니다. 이러한 흐름 속에서 Clipchamp는 교사와 학생 모두가 쉽고 빠르게 영상 콘텐츠를 제작할 수 있도록 지원하는 MS 365 기반의 동영상 제작 및 편집 도구입니다.

Clipchamp는 PC뿐만 아니라 스마트폰과 태블릿에서도 사용이 가능하며, 제작된 영상은 다양한 플랫폼을 통해 즉시 공유할 수 있어서 수업자료의 생산성과 접근성, 활용 가치를 높여줍니다. 이를 통해 학생들은 교사의 안내 영상뿐만 아니라 자신만의 콘텐츠를 직접 기획하고 제작하며, 영상 소비 중심의 수동적인 학습에서 벗어나 생산적 관점에서 창작 중심의 수업에 참여할 수 있습니다. Clipchamp는 복잡한 편집 기술 없이도 수업 영상, 과제 안내 영상, 프로젝트 결과물 등을 손쉽게 만들 수 있어서 학교 수업과 업무의 질을 한층 높여주는 스마트한 솔루션으로 떠오르고 있습니다.

Clipchamp로 다양한 활동을 할 수 있지만 가장 중요한 활용 목적은 '창작과 생산'입니다. 따라서 이 챕터의 내용은 Clipchamp라는 솔루션으로 어떻게 나만의 콘텐츠를 창작할 수 있는지에 대한 내용으로 구성하였습니다.

Clipchamp는 다음과 같은 일들을 할 수 있습니다.

❶ **손쉬운 영상 편집**: 다양한 효과, 자막, 전환 등을 손쉽게 삽입하여 퀄리티 높은 영상을 제작할 수 있습니다.

❷ **자동 캡션 생성**: 영상 내 음성을 인식하여 자동으로 캡션을 생성함으로써 접근성을 높입니다.

❸ **다양한 템플릿 및 에셋 제공**: 수업 목적에 맞는 다양한 교육용 영상 템플릿 및 에셋을 제공합니다.

❹ **클라우드 저장 및 공유**: 클라우드 기반(OneDrive)으로 언제 어디서든 편집하고 쉽게 공유할 수 있습니다.

❺ **간편한 화면 녹화**: 화면 녹화 기능으로 수업자료나 프레젠테이션 영상을 간편하게 제작할 수 있습니다.

❻ **자신만의 콘텐츠 제작**: 위 ❶~❺까지의 모든 기능을 이해하면 자신만의 콘텐츠를 창작할 수 있습니다.

Clipchamp는 이러한 기능으로 학교 교육에 필요한 다양한 영상 콘텐츠를 쉽고 빠르게 제작할 수 있는 플랫폼입니다.

Lesson 02
Clipchamp 사용 방법

Clipchamp는 별도의 프로그램 설치 없이 웹 브라우저에서 곧바로 사용할 수 있는 클라우드 기반 영상 편집 플랫폼입니다. Microsoft 개인계정에 가입하고 로그인을 하면 무료로 기본적인 편집 기능과 템플릿을 활용할 수 있으며, 더욱 전문적인 기능을 원한다면 유료 플랜으로 업그레이드(월 9,900원)를 할 수 있습니다. 특히 학교에서 MS 365 A3 라이선스를 사용하는 경우에는 Clipchamp의 모든 프리미엄 기능을 추가 비용 없이 활용할 수 있어서 교육용 영상 제작 및 영상 창작 수업에 최적화된 환경을 제공합니다. 또한 MS Teams 및 OneDrive와의 연동으로 더욱 원활한 작

☞ 자세한 사용 방법은 https://support.microsoft.com/ko-kr/clipchamp에서 확인할 수 있습니다.

업과 실시간 공유가 가능하여 교사와 학생이 편리하게 창작 결과를 공유하는 환경도 가능합니다. 결국 Clipchamp에서 작업하는 모든 데이터도 OneDrive에서 관리합니다.

내 컴퓨터에 Clipchamp가 설치되어 있는지 궁금하다면 윈도우 시작에서 Clipchamp를 검색해 보면 됩니다.

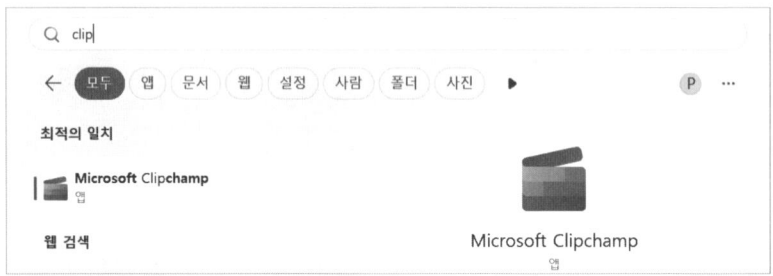

▲ MS Store에서 Clipchamp를 검색하여 무료로 설치할 수 있습니다

☞ Clipchamp를 설치하고 사용하는 자세한 방법이 궁금하다면

https://sway.cloud.microsoft/2pQ6BVCSYlarTCWs?ref=Link
(Clipchamp #1 참고)

Lesson 03

Clipchamp를 학교에서 활용하는 방법

Clipchamp를 학교에서 활용하는 방법들을 자세히 살펴보겠습니다.

손쉬운 영상 편집을 활용한 학생 과제 제작

Clipchamp를 활용하면 학생들이 영상 과제를 손쉽게 제작할 수 있습니다. 자막 삽입, 전환 효과, 배경음악 추가 등 다양한 편집 기능을 통해 단순한 촬영물도 완성도 높은 과제로 발전시킬 수 있습니다. 예를 들어, 과학 실험 과정을 간단한 숏츠로 촬영하거나 로봇 개발 교육 과정을 영상으로 제작하는 활동 등에서 Clipchamp를 활용하면 쉽게 보기 좋은 영상을 만들 수 있습니다. 특히 Clipchamp는 스마트폰이나 태블릿 앱으로도 제공되므로 노트북이 없는 환경에서도 간단한 영상 제작 실습이 가능하다는 장점도 있습니다.

학교 현장에서 로봇 수업과 같이 프로젝트 활동 중심의 수업을 진행할 때는 학생들의 몰입도와 성취 과정을 기록하는 것이 중요합니다. 다음 화면은 실제 수업에서 학생들의 실습 장면이나 조별 활동 모습을 스마트폰이

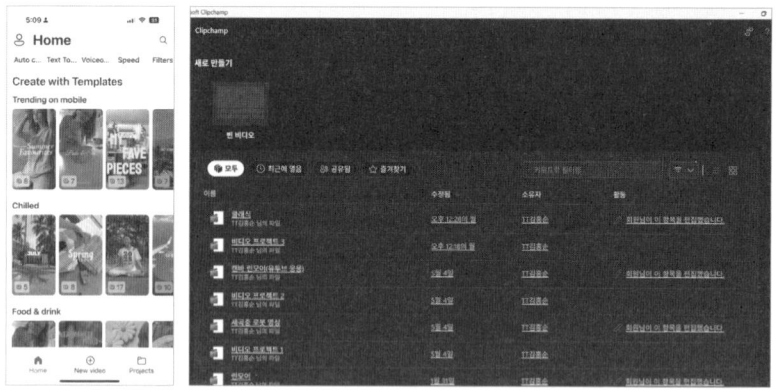

▲ Clipchamp 모바일 버전 및 윈도우 버전 비교

 ☞ **Clipchamp 윈도우 버전의 기본 인터페이스를 이해하고 싶다면**

https://sway.cloud.microsoft/5DsvNZfBg0BpylZM
(Clipchamp #2-1. Clipchamp 워크 스페이스 인터페이스 참고)

나 태블릿으로 촬영한 뒤, Clipchamp 모바일 앱을 활용하여 간단하게 편집한 사례입니다.

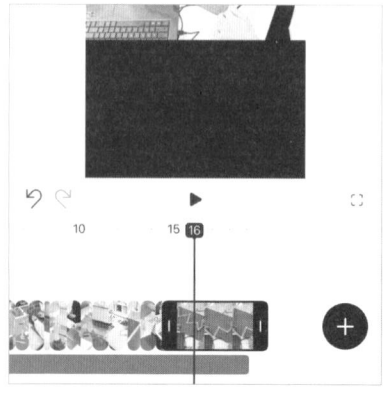 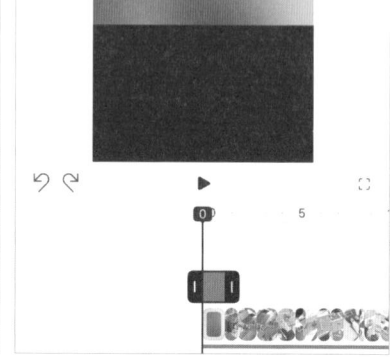

▲ 로봇 프로젝트 중 로봇 개발 활동 과정을 편집한 화면

☞ Clipchamp 앱을 활용하여 수업 영상을 심플하게 제작하는 방법을 확인하고 싶다면

https://sway.cloud.microsoft/VQVVjF5qOJmEZDL2?ref=Link
(Clipchamp #6-1. Clipchamp App을 활용하여 수업 활동 과정 영상 편집 참고)

AI 음성 인식 기능을 활용한 교육 영상 편집

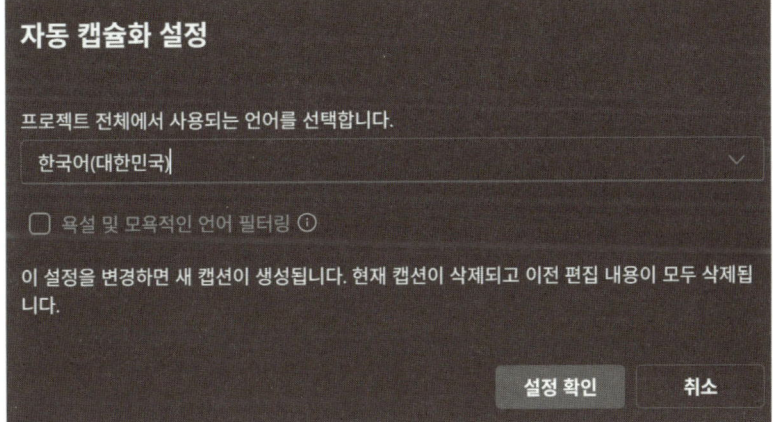

▲ Clipchamp로 편집된 영상(강의)에서 AI 활용 자동 자막 캡슐화 설정

☞ Clipchamp 앱을 활용하여 수업 영상을 심플하게 제작하는 방법을 확인하고 싶다면

https://sway.cloud.microsoft/DbMiR5eG9HFfH20f
(Clipchamp #4-2. 음성이 있는 영상은 자동 CC 추가하여 자막 넣기 참고)

Clipchamp는 영상 내 음성을 인식하여 AI 기반 자동 캡션을 생성하는 기능을 제공합니다. 생성된 자막은 음성의 타임라인에 맞추어 자동으로 영상에 삽입되며, 편집자는 이를 간단히 수정하여 완성도 있는 자막 영상을 제작할 수 있습니다.

이 기능은 수업 내용을 시각화하여 제공함으로써 청각 정보의 접근성을 높이는 데 효과적입니다. 특히 학습 속도가 느려 교사의 언어를 전부 이해하지 못하는 경우에는 자막을 통해 핵심 내용을 다시 확인하고 이해를 보완할 수 있습니다.

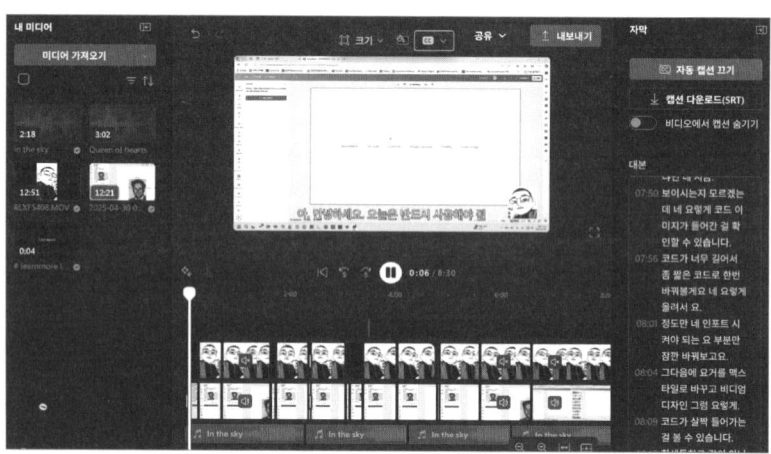

▲ Clipchamp 제작 영상에 자동 자막 기능을 삽입한 후 영상을 확인하는 화면

누구나 활용할 수 있는 손쉬운 인터페이스

Clipchamp는 영상 편집이 처음인 사용자도 부담 없이 활용할 수 있는 직관적이고 단순한 인터페이스를 제공합니다. 메뉴 구성은 복잡한 전문가용 편집 도구와 달리, '드래그 앤 드롭(Drag and drop)', '클릭 후 편집' 방식으로 이루어져 있어 초등학생부터 고등학생까지 나이에 상관없이 쉽게 배울 수 있습니다. 특히, 학교 수업에서 Clipchamp를 활용할 경우 학생들에게 기술적 장애물을 낮춰주어 영상 제작의 진입 장벽을 크게 줄여줍니다. 예를 들어, 자막 삽입, 전환 효과 추가, 배경음악 설정 등 대부분의 편집 기능이 아이콘 기반의 클릭 중심 동작으로 구현되어 있어서 직관적으로 기능을 익힐 수 있습니다. 따라서 기술공학 교육, 정보 교육, 미디어 수업, 창의적 체험 활동 등에서 다양한 수준의 학습자가 자기주도적으로 디지털 콘텐츠를 제작할 수 있는 환경을 마련해줍니다. 교사 또한 별도의 복잡한 교육 없이 수업을 시작할 수 있다는 점에서 매우 실용적인 도구라 할 수 있습니다.

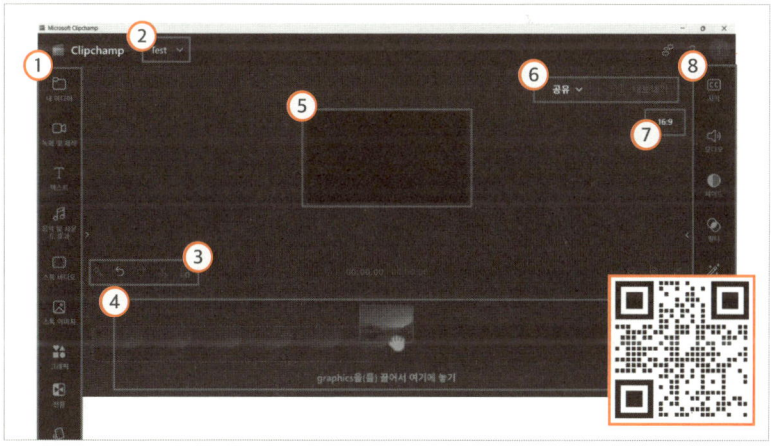

▲ Clipchamp의 기본 기능과 메뉴로 완성된 영상

☞ Clipchamp의 기능과 메뉴 사용 방법 및 모든 기능을 실습하고 싶다면

https://sway.cloud.microsoft/W7TTDibVes5CIUYI
(Clipchamp #3-1. 사이드바 익숙해지기 방법 참고)

클라우드 기반 자료 관리 및 자료 공유 영상

Clipchamp는 MS 365 계정과 연동되는 클라우드 기반 저장 기능을 제공하여, 제작한 영상 콘텐츠를 자동으로 OneDrive에 저장하고 언제 어디서든 접근할 수 있도록 지원합니다. 특히 OneDrive와 Clipchamp를 함께 사용하면, 완성된 영상뿐만 아니라 편집 중인 프로젝트 파일도 공유할 수 있어서 공동 편집이 가능한 점이 큰 장점입니다.

예를 들어, 교내 연수 영상을 교사 간 협업으로 제작해야 할 경우, 프로젝트 파일을 클라우드로 공유하면 각 교사가 클립을 나누어 작업하거나 피드백을 주고받으며 하나의 영상을 함께 완성할 수 있습니다. 이는 단순한 영상 제작을 넘어 효율적인 공동작업 환경을 조성하고, 학교 조직 내 협업 문화를 강화하는 데 기여할 수 있습니다.

방법은 매우 간단합니다. OneDrive에 있는 **[동영상]-[Clipchamp]** 폴더의 각 프로젝트 폴더를 공유하여 공동작업을 할 수 있습니다.

다음 화면에서 보는 것처럼, Clipchamp에서 제작한 프로젝트 파일은 기본적으로 사용자의 OneDrive와 연동되어 저장됨을 확인했습니다. 이러한 저장 방식은 프로젝트 파일이 클라우드상 어느 위치에 있는지를 명확히 이해해야만 이후 편집이나 자료 연동 시 혼란을 줄일 수 있어서 설명했습니다. 그러나 대부분의 교사와 학생들이 이 구조를 처음에는 직관적으

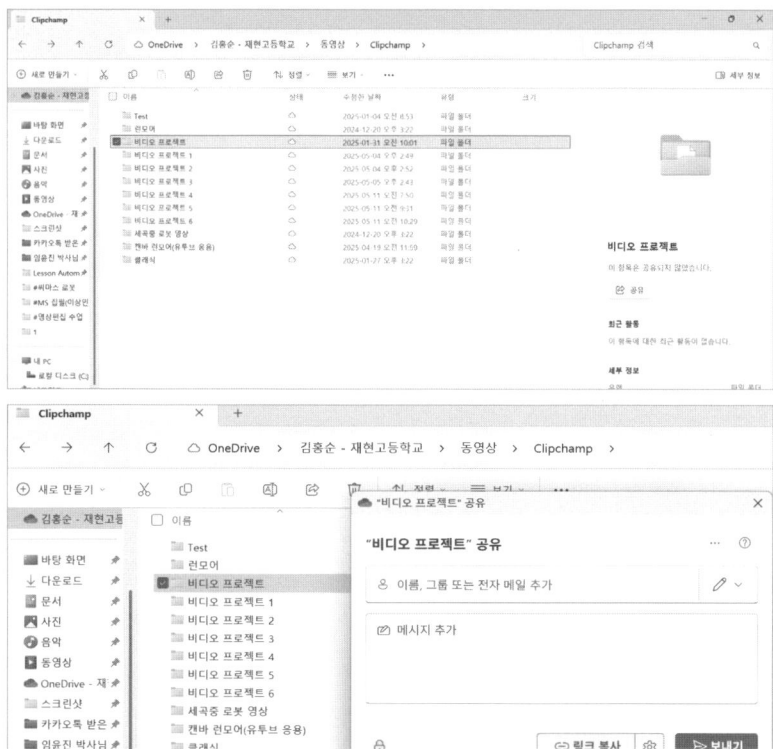

▲ OneDrive 동영상 폴더의 Clipchamp 폴더를 공유하는 방법

☞ Clipchamp의 공유 및 공동작업 방법이 궁금하다면

https://sway.cloud.microsoft/W7TTDibVes5ClUYl
(Clipchamp #3-2. 프로젝트 저장 및 이름을 변경하는 방법 참고)

로 파악하지 못하기도 합니다.

이럴 때 더 간단한 방법으로는 Clipchamp 편집 화면 내부의 [공유] 버튼을 사용하는 방식이 있습니다. 이 버튼을 클릭하면 MS 365 조직 내부 사용자 또는 Microsoft 계정을 보유한 외부 사용자와도 프로젝트 파일을 공

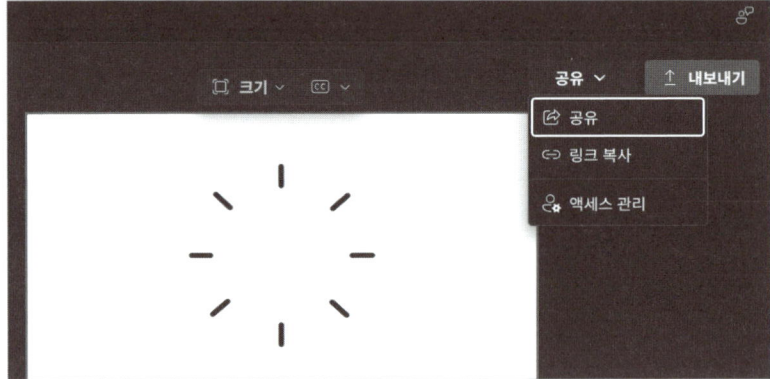

▲ Clipchamp 프로젝트에서 [공유] 버튼을 활용하여 공유 후 공동작업을 하는 방법

유할 수 있습니다. 이 기능을 활용하면 동영상 프로젝트 파일을 공동으로 편집하거나 피드백을 주고받는 등의 협업이 가능해집니다.

텍스트 음성 지원 기능으로 영상 창작을 더 풍부하게

Clipchamp는 텍스트를 다양한 목소리의 음성으로 변환할 수 있는 '텍스트 음성 변환(Text-to-Speech, TTS)' 기능을 제공합니다. 이 기능을 활용하면 사용자가 입력한 문장을 AI 음성으로 자동으로 읽어주는 내레이션을 삽입

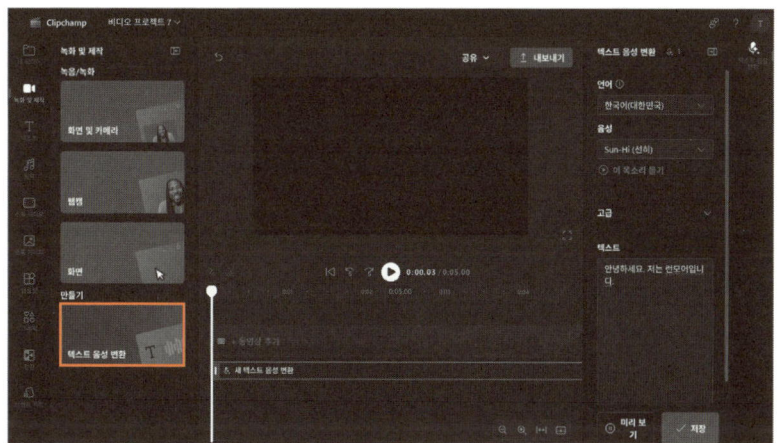

▲ Clipchamp 프로젝트에서 텍스트 음성 변환 기능을 활용하는 방법

☞ 텍스트를 입력하여 오디오 음성으로 변환하는 기능이 궁금하다면

https://sway.cloud.microsoft/DbMiR5eG9HFfH20f?ref=Link
(Clipchamp #4-3. 텍스트를 작성하여 인공지능 음성으로 변환 방법 참고)

할 수 있어서 마이크 녹음 없이도 고품질의 음성 해설이 포함된 영상을 제작할 수 있습니다.

특히 수업 영상이나 설명 자료를 만들 때 음성을 직접 녹음하기 어려운 상황에서도 손쉽게 내레이션을 생성할 수 있어서 콘텐츠 제작이 훨씬 편리해집니다. Clipchamp의 TTS 기능은 다양한 언어와 목소리, 속도 또한 설정이 가능합니다. 학생들과 TTS 기능의 인공지능 수업까지 할 수 있는 장점이 있습니다.

인트로 영상 만들기 수업

Clipchamp의 다양한 기능을 종합적으로 이해한 후, 학생 주도의 창의적 활동으로 '인트로 영상 만들기' 수업을 해 볼 수 있습니다. 오늘날 우리는 영상 콘텐츠가 넘쳐나는 디지털 환경 속에 살고 있으며, 그 안에서 시청자들은 영상의 시작 몇 초 만에 주요 메시지를 판단하게 됩니다. 이런 영상 인트로의 가치를 이해한 후 인트로의 역할을 생각해 보는 활동으로 연결할 수 있습니다. 일반적으로 인트로는 영상의 분위기를 결정짓고, 콘텐츠에 대한 기대감을 형성하는 핵심 요소입니다. 단순히 영상을 소비하는 것이 아니라, 어떻게 메시지를 전달하고 감정을 유도하는지를 분석해 보는 과정을 경험하며 디지털 리터러시를 함양할 수 있습니다. 이러한 교육적 관점과 가치에 걸맞은 도구로 Clipchamp를 활용할 수 있습니다.

▲ Clipchamp로 제작한 Microsofta3.com 인트로 창작하기 결과

☞ Clipchamp를 학교에서 활용하는 수업 아이디어 및 그 방법이 궁금하다면

https://sway.cloud.microsoft/0crXyvpmRJRcpRyA?ref=Link
(Clipchamp #5-1. 자신만의 유튜브 인트로 제작하기 활동 참고)

Clipchamp는 인트로 영상 제작에 필요한 다양한 템플릿과 편집 도구를 제공하며, 학생들이 디자인을 해본 경험이 없어도 손쉽게 영상 제작을 할 수 있도록 도와줍니다. 특히, 제목, 로고, 배경음악, 전환 효과 등의 구성 요소를 직접 설계하면서 학생들은 정보 전달의 흐름과 시청자의 인지를 고려한 스토리텔링을 훈련하게 됩니다.

이 수업은 단순한 영상 제작을 넘어, '비판적 감상→ 창의적 기획→ 디지털 제작'으로 이어지는 전 과정을 포괄하는 디지털 메이킹(생산) 수업 관점으로 설계할 것을 추천합니다. 실제 Clipchamp로 인트로를 제작하는 방법을 교육한 후 '나만의 인트로 영상 제작하기' 활동을 해 볼 것을 권합니다.

Clipchamp는 단순한 영상 편집 프로그램이 아니라, 수업자료 제작, 학생 과제 제출, 학급 홍보, 연수 자료 정리 등 교육 현장의 다양한 활동을 손쉽게 구현할 수 있는 스마트한 영상 제작 플랫폼입니다.

손쉬운 인터페이스, 자막 자동 생성, 템플릿 제공, 클라우드 기반 저장 및 공유, 텍스트 음성 변환 기능 등은 교사와 학생 모두가 디지털 콘텐츠를 직접 제작하고 공유할 수 있도록 기능을 제공합니다. 특히 창의적 표현, 미디어 리터러시, 학생 중심 프로젝트 수업과도 자연스럽게 연계되어 21세기 핵심 역량을 기를 수 있는 수업 환경을 조성하는 데 큰 도움이 됩니다.

수업 현장의 장면을 생생히 담아내고, 누구나 쉽게 영상으로 기록하고 발표할 수 있는 Clipchamp는 이제 학교에서 꼭 활용해야 할 필수 도구입니다. 이 책에 모든 활동을 담지는 못했지만 기본적인 방법을 익히고 교육 상황에 맞추어 교수 학습 설계 시 유용한 도구로 활용해 보기 바랍니다.

더 많은 기능과 구체적인 실습 방법은 https://microsofta3.com/ 사이트의 Clipchamp 섹션을 차근차근 따라가며 경험해 보길 권장합니다. MS 365 A3 라이선스 사용자라면 유료 에셋을 포함한 고급 기능도 자유롭게 활용할 수 있습니다.

Chapter 13

Minecraft, 마이크로소프트의 글로벌 메타버스 교육 플랫폼

Lesson 01

Minecraft 소개

Minecraft는 스웨덴의 게임 개발자 마커스 페르손(Markus Persson, 닉네임은 Notch)이 창의적이고 자유로운 게임 환경을 제공하고자 2009년에 개발한 게임입니다. 이후 플레이어들이 블록을 활용하여 자신만의 세계를 창의적으로 구축할 수 있도록 지원하며, 2011년에 정식으로 출시되었습니다.

"마인크래프트는 제가 직접 즐기고 싶었던 게임을 만들기 위해 시작한 프로젝트입니다. 자유롭게 건설하고 탐험할 수 있는 공간을 통해 창의력을 마음껏 펼칠 수 있는 게임을 만들고자 했습니다. 시장을 겨냥하기보다는 저의 재미와 창작 욕구가 가장 큰 이유였습니다."

이러한 Minecraft는 이후 지속적인 발전을 이루었으며, 2014년 9월에는 Microsoft가 25억 달러에 Mojang Studios를 인수하면서 본격적인 글로벌 확장과 다양한 버전 개발이 이루어졌습니다.

버전명	출시 연도	주요 특징
Java Edition	2011	PC 전용, 원조 버전, 다양한 모드 지원
Education Edition	2016	교육 환경에 특화된 기능 제공, 학습 관리 도구 탑재
Bedrock Edition	2017	크로스 플랫폼 플레이, 모바일 및 콘솔 지원

특히 2016년 출시된 Minecraft Education Edition은 교육 목적에 맞춰 특별히 설계된 버전으로, 교사와 학생들이 학교 환경에서 효과적으로 사용할 수 있는 다양한 콘텐츠와 기능을 제공하고 있습니다. 아래는 일반사용자가 구입할 수 있는 Bedrock Edition과 학교에서 활용하는 Education Edition의 특징을 비교한 표입니다.

항목	Bedrock Edition	Education Edition
목적	일반 사용자용	교육자 및 학생 전용
특화 기능	크로스 플랫폼 플레이	코딩 교육, 클래스 관리, 협력 학습 도구 등 교육 전용 기능 제공
가격 정책	유료 개별 구매 방식	학교 및 교육기관 전용 라이선스 제공 (예: Microsoft A3 License)

Lesson 02
Minecraft의 교육적 가치

Minecraft Education의 교육적 가치는 학생들이 창의력과 문제 해결력, 협동심, 비판적 사고력 등을 종합적으로 교육할 수 있는 플랫폼이라는 점입니다. 또한 메타버스 플랫폼으로 가상의 세계에서 교사와 학생들의 어떠한 아이디어도 자유롭게 펼칠 수 있다는 점에서, 다양한 교과목에서 유연하게 활용할 수 있으며 융합적이면서 체험 중심의 교육을 가능하게 합니다.

Minecraft는 전 세계적으로 2억 명 이상의 활성 사용자를 보유한 대표적인 디지털 플랫폼입니다. 이러한 규모는 단순한 게임 활용을 넘어, Minecraft가 글로벌 교육 플랫폼으로서의 위상을 가지고 있음을 보여줍니다. 학교 교육 현장에서 Minecraft를 수업 도구로 활용하는 것은, 단지 하나의 소프트웨어를 익히는 것이 아니라 글로벌한 디지털 환경에 참여할 수 있는 창의적 역량을 기르는 과정이기도 합니다. 특히 대한민국 교실에서 Minecraft 기반 프로젝트나 수업 활동을 진행하면, 학생들은 자신이 만든 결과물이 세계적인 맥락에서도 의미를 가질 수 있다는 것을 체감하게 됩니다. 이는 곧 Minecraft를 활용한 수업이 세계와 연결되는 교육, 나아가 학생들이 글로벌 시민으로 성장할 수 있는 기반을 마련해주는 중요한 교육적 가치라고 할 수 있습니다.

실제로 Minecraft는 전 세계 교육 현장에서 다양하게 활용되고 있습니다. 대표적인 예로, 캐나다의 Peel 교육청(Peel District School Board, 이하 PDSB)에서는 과학과 수학 수업에 Minecraft를 도입하여, 학생들이 개념을 단순히 이해하는 것을 넘어 직접 실습하고 체험하는 중심의 수업을 운영하고 있습니다. 아래 화면은 PDSB가 Minecraft와 협력하여 제작한 BuildAbility라는 지역사회의 접근 장벽을 제거하고, 포용적 디자인 사

마인크래프트 에듀케이션에서 제공하는 레슨은 위 사진과 같이 '주제', '교육 연령', '가능 언어'가 명시되어 있습니다.

☞ 마인크래프트 에듀케이션에서 제공하는 다양한 레슨 종류가 궁금하다면

https://education.minecraft.net/en-us/resources/explore-lessons
(Explore more lessons 클릭 및 탐색)

고와 문제 해결 방법을 배우도록 돕기 위해 설계된 수업용 라이브러리입니다.

위 사례에 근거하여 다양한 국가 및 교육기관에서 Minecraft를 수업에 적용하려는 시도는, 이 플랫폼이 단순한 게임을 넘어선 글로벌 교육 도구로 자리매김하고 있음을 보여주는 명확한 증거입니다.

대한민국 역시 이러한 흐름에 발맞춰 Minecraft Education의 교육적 활용을 준비하고 있습니다. 특히 2024년 6월부터는 서울시교육청을 시작으로, 각 시·도 교육청에서 Microsoft A1 라이선스를 A3 라이선스로 업그레이드하였으며, 모든 교사와 학생들이 Minecraft Education을 자유롭게 사용할 수 있도록 계정 발급을 가능하게 하였습니다.

이는 단순한 도입을 넘어 Minecraft를 학교 수업과 프로젝트 활동에 정규적으로 통합할 수 있는 체제적 기반이 갖춰졌음을 의미합니다. 교사들은 이제 창의적 수업 설계와 협업 중심 프로젝트를 보다 수월하게 추진할 수 있으며, 학생들은 일상적인 교실 안에서 세계적 수준의 디지털 도구를 활용하는 경험을 쌓을 수 있습니다.

Lesson 03
Minecraft로 할 수 있는 대표적인 수업들

Minecraft는 교육 현장에서 학생들의 상상력과 창의력을 촉진하고, 학습 참여도와 동기를 높일 수 있는 강력한 도구입니다. 기존의 전통적인 수업 방식에서 벗어나, 학생이 주도적으로 문제를 해결하고 표현하는 능동적 학습 환경을 만들어 줍니다. 다양한 교과와 연계하여 활용할 수 있는 Minecraft의 실제 적용 방법을 간단히 살펴보겠습니다.

❶ 공간 디자인 및 건축

학생들이 건축 및 도시 설계를 통해 공간 지각력과 창의력을 기를 수 있습니다. 예를 들어, 학생들이 자신이 살고 싶은 도시나 학교를 Minecraft로 설계하고 건축하는 과정을 통해 창의력과 공간 인지력을 자연스럽게 키울 수 있습니다.

❷ 수업 라이브러리를 활용한 수업

역사적 사건을 가상공간에서 재현한 라이브러리를 활용한 수업 혹은 과학적 실험 시뮬레이션 환경을 바탕으로 가상에서 안전하게 실험하는 수업 등 다양한 라이브러리를 활용하여 수업을 진행할 수 있습니다. 실제 역사적 사건을 Minecraft 내에서 재구성하여 학생들이 몰입하여 사건의 배경과 의미를 탐구하거나, 과학 실험을 가상공간에서 실시하여 안전하면서도 효과적인 실험 학습을 할 수 있습니다.

❸ 프로그래밍 및 코딩 교육

Minecraft의 명령어 및 코드 블록을 사용하여 기초적인 프로그래밍과 논리적 사고력을 개발할 수 있습니다. 학생들은 직접 게임 내 기능이나 간단한 자동화 시스템을 프로그래밍하여 코딩 원리를 직관적으로 이해할 수 있습니다.

❹ 협력적 문제 해결 융합 수업

팀 프로젝트를 통해 학생들이 협력하여 문제를 해결하고 공동체 의식을 높일 수 있습니다. 예컨대, 학생들은 팀을 이루어 주어진 문제를 함께 해결하거나 프로젝트를 기획하고 실행함으로써 의사소통 능력과 책임감, 협동심을 키울 수 있습니다.

이와 같이 Minecraft는 창의력과 협력 능력을 동시에 기를 수 있는 혁신적인 교육 플랫폼입니다. 학생들이 능동적으로 참여하고 문제를 해결하는 과정에서 높은 학습 성과와 학습 과정에서 동기를 유지하며 융합 교과 중심의 프로젝트 수업을 할 수 있습니다.

Lesson 04

Minecraft Education의 기본 설치 및 세팅 방법

Minecraft Education Edition은 일반 Minecraft와 달리 교육적 목적에 특화된 플랫폼입니다. 이 버전은 학교 라이선스를 통해 교사와 학생이 무료 또는 저렴한 비용으로 이용할 수 있습니다. 사용 방법은 간단하며, 학교가 가입한 교육용 라이선스를 통해 각 학생 계정으로 접속이 가능합니다. 기기는 데스크톱, 모바일, 스마트 태블릿(아이패드, 안드로이드, 크롬북 등) 모두 가능합니다.

자신의 컴퓨터에 Minecraft Education이 잘 설치되어 있는지 궁금하다면 윈도우 시작에서 Minecraft Education을 검색해 보면 됩니다. 설치가 잘 되었다면 실행하고 로그인해 봅니다.

학교에서 Minecraft Education을 처음 로그인할 때, 로그인 오류로 접속이 되지 않는 경우가 발생할 수 있습니다. 이때 가장 먼저 확인해야 할 부분은 'www.education.minecraft.net' 사이트의 접근 가능 여부입니다. 일부 교육청에서는 이 사이트를 게임 사이트로 분류하여 접근을 차단해 놓은 경우가 있으며, 이로 인해 로그인 과정에서 인증이 되지 않는 문제가

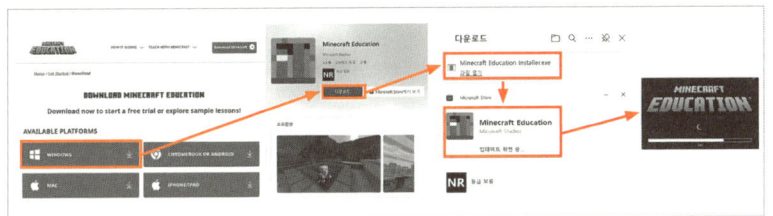

▲ 윈도우, 크롬 및 안드로이드, 맥, 아이패드 중 윈도우 버전을 설치하는 화면

☞ 마인크래프트 에듀케이션의 기본 설치 및 세팅 방법이 궁금하다면

https://sway.cloud.microsoft/23BZ8PGwdoFehBRO?ref=Link
(Minecraft Education #1-3. 원활한 Minecraft Education 수업을 위한 초기 확인 참고)

발생할 수 있습니다. 이러한 경우에는 해당 시·도 교육청 정보과 또는 정보보안 담당 부서에 문의하여 Minecraft 관련 사이트 접속 허용을 요청해야 합니다. 보통 '서비스 허용 신청서' 양식을 받아 작성한 후 교육청에 제출하면 해당 주소의 접근 권한이 열리게 됩니다.

단, 이때 주의할 점은 학교 전체 IP를 일괄적으로 허용하는 것이 아니라, 실제 Minecraft Education을 사용하는 특정 고정 IP만 지정하여 허용해야 한다는 점입니다. 이를 통해 보안은 유지하면서도 정상적인 로그인과 학습활동이 가능해집니다. 학교에서 Minecraft 로그인이 되지 않을 경우, 먼저 네트워크 차단 여부를 확인하고 교육청을 통해 허용 절차를 진행하는 것이 필요합니다. 참고로 각 시·도 교육청 및 지원청마다 서비스 허용 요청서의 양식이 다를 수 있으며, 담당 기관도 다를 수 있습니다. 서비스 허용 신청이 완료되면 학생들의 스마트 태블릿 혹은 실습실 스마트 태블릿, 데스크톱 및 노트북에 Minecraft Education을 배포 및 설치합니다.

서비스 허용 요청서

신청기관(부서)		
담당자	검토자	책임자

승인부서		
담당자	팀장	부장

※신청자는 굵은 선 안에만 기록

신청자	소속(부서)	김●순(교무부)	직급	교사	성명	김●순
사 용 기 간		2024.08.~2025.02.		긴급연락처		010-4●●-●●●●
사 유		MS 365 A3계정 마인크래프트 에듀 교육 활동				
등 록 구 분		☑ 신규		□ 변경		□ 삭제

접근대상		대상서비스	
사용자명(소속)	접근IP	서비스명	도메인(또는 IP)
김홍순(교무부, AI실 교사컴)	10.oo.133.oo		
김홍순(교무부, AI실 무선망1)	10.oo33.oo		
김홍순(교무부, AI실 무선망2)	10.oo44.o		
김홍순(교무부, AI실 무선망2)	10.oo33.oo	Minecraft Education	마인크래프트 에듀 도메인 https://education.minecraft.net/
김홍순(메이커실 교사컴)	10.oo.133.oo		
김홍순(메이커 무선망1)	10.oo44.oo		
김홍순(메이커 무선망1)	10.oo.144.oo		
김홍순(메이커 예비 IP)	10.oo.144.oo		

처 리 일 자		처 리 자		(서명)
처 리 내 역				

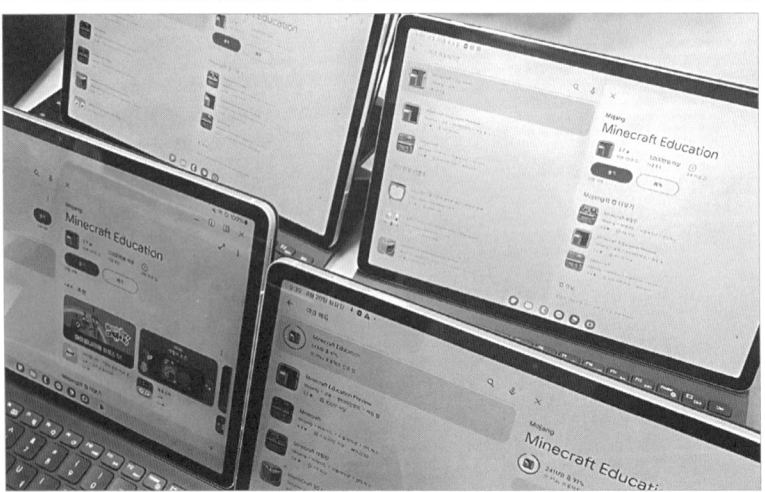

▲ www.education.minecraft.net 사이트 접근 권한을 위한 서비스 허용 요청서 및 태블릿 설치

Windows 운영체제에서는 Microsoft Store에 접속하여 Minecraft Education을 간편하게 설치할 수 있습니다. 설치가 완료되었는지 확인하려면, 키보드에서 윈도우 키를 누른 후 'Minecraft Education'이라고 검색합니다. 프로그램 아이콘이 정상적으로 나타난다면 설치가 제대로 완료된 것입니다. 설치 후 첫 실행 시, 학교 MS 365 계정으로 로그인해야 사용이 가능합니다.

▲ 윈도우에서 Minecraft Education 설치 여부 확인 및 게임 메인 화면

☞ 마인크래프트 에듀케이션 메인 화면 튜토리얼이 궁금하다면

https://sway.cloud.microsoft/MGbYZ5RaAoGQRvF0?ref=Link&loc=play
(Minecraft Education #2-1. Minecraft Educarion 기본 화면 인터페이스 참고)

Lesson 05

Minecraft Education을 수업에 도입하기 전 3가지 기본 설정 세팅 방법

Minecraft Education을 수업에 도입하기 전, 학생들의 원활한 활동을 위해 미리 설정해 두어야 할 세 가지 기본 세팅이 있습니다. 특히 태블릿 기반의 수업 환경이 많은 한국 학교의 현실을 고려할 때, 아래의 설정은 수업의 몰입도와 편의성을 높이는 데 매우 중요합니다.

❶ 터치스크린 컨트롤 모드 설정

대부분의 수업이 노트북이나 데스크톱보다는 스마트 태블릿을 활용하는 환경에서 진행됩니다. 따라서 게임 시작 전 설정에서 조작 방식을 터치스크린 모드로 변경해 두면 학생들이 훨씬 더 직관적으로 조작하고 몰입할 수 있습니다.

❷ 시점(Viewpoint) 변경 설정

Minecraft는 기본적으로 일인칭 시점으로 시작되지만, 학생들의 편의와 수업 목적에 따라 일인칭 또는 삼인칭 후방 시점으로 조정해 주는 것이 좋습니다. 특히 공간 인식 활동이나 건축 수업의 경우에는 시점을 유연하게 바꾸는 것이 이해도를 높이는 데 도움이 됩니다.

❸ **저장 위치**(mcworld 파일) **이해**

학생들이 자신이 만든 월드가 OneDrive 어느 위치에 저장되는지 (.mcworld 파일 위치)를 이해하고 있어야 수업 후에도 파일을 불러오거나 공유하는 데 어려움이 없습니다. 이 기본적인 저장 구조에 대한 안내는 수업 전에 간단히 설명해 주는 것이 좋습니다.

이 세 가지는 Minecraft 수업을 처음 시작할 때 모든 학생이 공통으로 익혀야 할 기본 설정이며, 이를 통해 수업을 안정적이고 효과적으로 진행할 수 있습니다.

▲ 1인칭 시점과 3인칭 시점의 차이

☞ **마인크래프트 에듀케이션 3가지 기본 설정 세팅 방법이 궁금하다면**

https://sway.cloud.microsoft/MGbYZ5RaAoGQRvF0?ref=Link&loc=play
(Minecraft Education #2-2. Minecraft Education 기본 설정 세팅 참고)

세 가지 기본 세팅을 완료하면, 이제 본격적으로 Minecraft를 활용한 수업을 시작할 수 있습니다. 수업 방식은 다양하며, 교과 내용과 수업 목표에 따라 유연하게 선택할 수 있습니다.

가장 기본적인 방법은 학생이 직접 자신만의 월드를 생성하고, 크리에이티브 모드에서 창의적인 구조물이나 환경을 만드는 활동입니다. 이를 통해 학생은 창작의 자유를 누리며 몰입감 있는 수업 경험을 하게 됩니다.

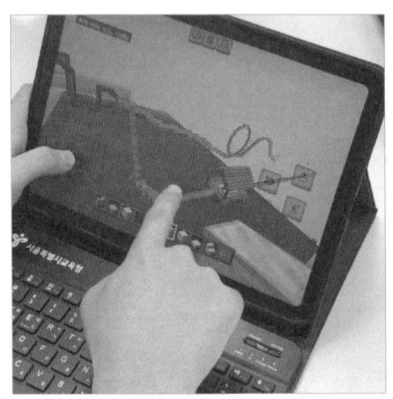 

▲ 자신만의 월드를 생성하고, 크리에이티브 모드에서 구조물을 만드는 학생활동 사진

또한 Minecraft Education에서 제공하는 수업용 라이브러리를 활용하면 이미 설계된 학습 환경에서 주제별 수업을 손쉽게 진행할 수 있습니다. 예를 들어, 과학, 역사, 수학 등 다양한 과목과 연계된 활동들이 포함되어 있어 교과 융합형 프로젝트 수업에 효과적입니다.

그뿐만 아니라 명령 프롬프트 활용 교육이나 코딩 교육도 중요한 활용 영역 중 하나입니다. Minecraft는 텍스트 기반 명령 프롬프트(Command Prompt)를 통해 컴퓨터의 기초 개념을 학습할 수 있도록 구성되어 있습니다. 나아가 마인크래프트 에이전트를 활용하여 블록 기반 코드 및 파이썬

(Python) 기반 프로그래밍 기초 교육에 적합한 환경을 제공합니다.

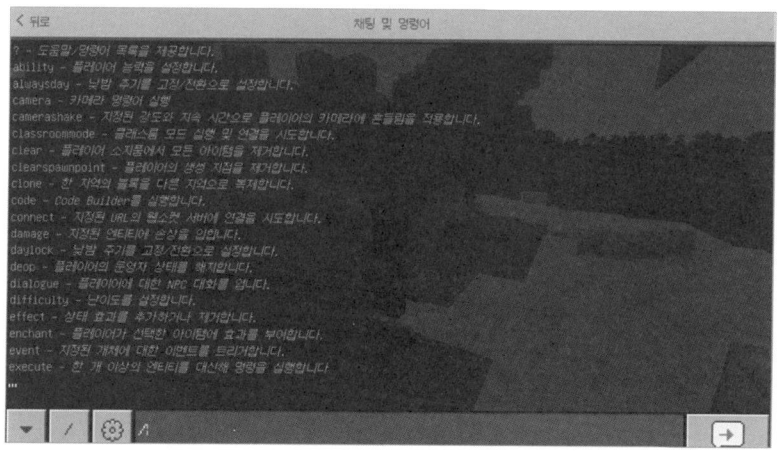

▲ 명령 프롬프트 및 메이크 코드를 활용하여 프로그래밍을 교육하는 화면

☞ 마인크래프트 에듀케이션을 활용한 기본 수업 시작 방법 및 명령 프롬프트 및 코드 설계 방법이 궁금하다면

https://sway.cloud.microsoft/iKGCfKksekC6EWAY?ref=Link
(Minecraft Education #3 참고)

Lesson 06

Minecraft Education으로 할 수 있는 교육 방법

Minecraft를 학교 현장에서 어떻게 활용할 수 있는지 구체적으로 살펴보 겠습니다.

공간 디자인 및 건축 창작 교육

Minecraft를 활용하면 학생들은 건축과 도시 설계 활동을 통해 공간 지각 력과 창의력을 자연스럽게 기를 수 있습니다. 예를 들어, 자신이 살고 싶은 도시나 이상적인 학교를 직접 설계하고 건축하는 프로젝트를 진행하면서,

▲ 19세 학생들이 설계한 르 코르뷔지에의 빌라 사보아 재창작(왼쪽 외부, 오른쪽 실내)

☞ 마인크래프트 에듀케이션 공간 디자인 및 건축 교육 방법이 궁금하다면

https://sway.cloud.microsoft/GhqmkTpSL5P3ir7n?ref=Link&loc=play
(Minecraft Education #4-1. 건축을 통한 창작 수업 방법 참고)

공간을 구성하는 능력과 상상력을 통합적으로 확장시킬 수 있습니다. 이러한 활동은 단순한 만들기를 넘어, 문제 해결, 계획 수립, 미적 감각까지 함께 발달시키는 융합형 학습 경험으로 이어질 수 있습니다.

Minecraft를 처음 접하는 학습자라 하더라도 간단한 블록 사용법과 기본 건축 활동만 익히면 곧바로 수업에 참여할 수 있습니다. 실제로 필자 자녀는 5세 때부터 Minecraft를 접했으며, 짧은 시간 내에 스스로 건축과 창작 활동을 수행해내는 모습을 보였습니다. Minecraft Education 수업의 핵심은 '건축' 자체보다는 자유로운 창작 활동에 있습니다.

어떤 결과물을 만들어내는 것이 목적이기보다는 학생 개개인의 상상력과 표현력을 존중하며 창의성을 이끌어내는 과정 중심 수업이라는 점에서, 성별이나 연령, 사전 경험 여부에 관계 없이 누구나 참여할 수 있는 수업을 진행할 수 있습니다.

▲ 5세 때 설계한 피라미드(왼쪽), 7세 때 설계한 자신만의 마인크래프트 월드

☞ 마인크래프트 배드락 에디션과 에듀케이션을 활용한 필자의 자녀 쌍둥이 마크 교육 활동 스토리가 궁금하다면

https://www.learnmore.co.kr/olivella/minecraft/5-yeays-o

https://www.learnmore.co.kr/olivella/minecraft/6-7-yeays-o

교육용 라이브러리를 활용한 수업

Minecraft에서는 역사적 사건을 재현한 라이브러리나 과학 실험 시뮬레이션 환경 등 다양한 교육용 라이브러리를 활용하여 수업을 설계할 수 있습니다. 예를 들어, 역사 수업에서는 실제 사건을 Minecraft 공간 내에 재구성하여 학생들이 직접 그 시대를 탐험하듯 체험하고, 사건의 배경과 의미를 깊이 있게 이해할 수 있도록 도와줍니다. 과학 수업에서는 가상 실험 환경을 활용하여 위험 요소 없이 안전하게 실험을 반복하며 탐구 기반의 실험 학습이 가능합니다.

다음 화면은 수업 전 필요한 Minecraft 라이브러리의 주제, 학습 목표, 교안 등을 확인하는 사이트입니다. 각 교과 성취 기준과 연결할 수 있는 라이브러리를 찾아보면 좋습니다.

필자가 추천하는 Minecraft Education의 주요 교육용 라이브러리 3가지를 확인하고 싶다면, 265쪽에 제시된 링크를 통해 직접 접속해 보길 바랍니다. 각 라이브러리는 세계적 수준의 수업 설계 사례를 기반으로 구성되어 있으며, 교사가 별도로 복잡한 수업 준비를 하지 않아도 곧바로 적용 가능한 콘텐츠들로 이루어져 있습니다.

▲ 마인크래프트 에듀케이션 라이브러리 사이트

☞ 마인크래프트 에듀케이션 수업 라이브러리를 활용한 교육 방법 예시가 궁금하다면

https://sway.cloud.microsoft/h4NDgG5SqiaWwCRU?ref=Link
(Minecraft Education #5 참고)

프로그래밍 및 코딩 교육

Minecraft에서는 명령어(Command)와 코드 블록(Code Block)을 활용하여 학생들이 기초적인 프로그래밍 개념과 논리적 사고력을 자연스럽게 익힐 수 있습니다. 특히 에이전트(Agent)를 활용하면, 학생들은 게임 내에서 다양한 기능을 자동화하거나 간단한 시스템을 직접 프로그래밍할 수 있어 코딩의 원리를 직관적으로 이해하고 실습할 수 있는 환경이 조성됩니다. 이러한 활동은 단순한 코딩 학습을 넘어 문제 해결력과 창의적 사고를 함

께 기를 수 있는 교육을 진행할 수 있습니다. 아래 화면은 코드 설계 예시입니다.

 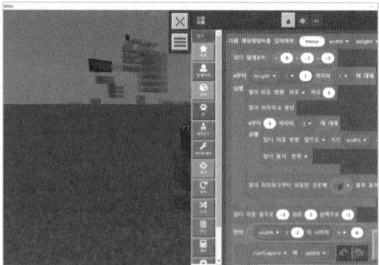

▲ 에이전트와 건축을 위한 코드 설계 예시

☞ 마인크래프트 에듀케이션 메이크 코드를 활용한 프로그래밍 및 코딩 교육 방법이 궁금하다면

https://sway.cloud.microsoft/Pi3y3c4zXiZYvGjk?ref=Link
(Minecraft Education #6 참고)

협력적 프로젝트 수업 및 문제 해결 융합 수업

Minecraft는 팀 기반 프로젝트 활동에 매우 적합한 환경을 제공합니다. 학생들은 팀을 이루어 하나의 목표를 향해 함께 문제를 해결하거나, 프로젝트를 기획하고 실행하는 과정을 통해 의사소통 능력, 책임감, 협동심을 자연스럽게 기를 수 있습니다. 그리고 이 과정에서 '재미와 흥미'까지 지속하며 수업용 에듀테크 도구로 활용할 수 있는 것이 Minecraft Education입니다. 이러한 활동은 단순한 결과물 제작을 넘어서, 협력 과정에서의 갈등 해결, 역할 분담, 의견 조율, 프로젝트 포트폴리오 정리 등 실제 미래 학습자에게 필요한 역량을 경험적으로 학습하게 합니다.

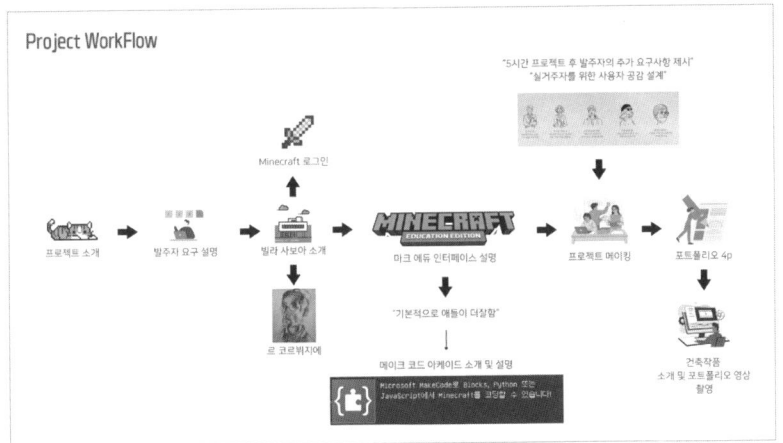

▲ 마인크래프트 에듀케이션을 수업용 도구로 프로젝트 학습 설계하는 워크 플로우

☞ 마인크래프트 에듀케이션으로 하는 프로젝트 수업 방법이 궁금하다면

https://sway.cloud.microsoft/PsO4fwOuK9rXVFFU?ref=Link
(Minecraft Education #7 참고)

위 프로젝트는 공학 설계에서 널리 활용되는 문제 해결법(Problem-solving process)을 기반으로 구성되었습니다. '문제 확인→ 계획 수립→ 실행→ 평가'의 단계적 흐름에 따라 수업을 설계하였으며, 학생들이 실제 상황에서 문제를 인식하고 해결 방안을 모색하는 실천적 사고 역량을 키우는 데 초점을 두었습니다.

하지만 이 방법에만 국한되지 않고, 컴퓨테이셔널 씽킹(Computational Thinking), 디자인 씽킹(Design Thinking), 또는 과학적 탐구 절차 등 다양한 교수 학습 설계 방법론을 바탕으로도 Minecraft는 충분히 의미 있는 수업 도구로 활용될 수 있습니다. 즉, Minecraft는 단순한 플랫폼을 넘어 다양한 사고 틀을 수업에 유연하게 적용할 수 있는 창의적 도구이며, 수업 설계자의 의도에 따라 교과 간 융합, 문제 중심 학습, 창작 기반 평가 등으로 확장이 가능합니다.

중요한 것은 도구보다 수업의 목적과 맥락에 맞게 설계하고 적용하는 교육자의 창의적 해석이며, Minecraft는 그 가능성을 실현할 수 있는 훌륭한 에듀테크이자 교육 도구입니다. 이런 맥락에서 학생들이 능동적으로 참여하고, 문제를 해결하는 과정에서 높은 학습 성과와 지속적인 동기를 얻을 수 있습니다. 다양한 교과목과 융합하여 교육 환경에서 폭넓게 활용할 수 있는 Minecraft는 미래의 교육 현장에서 더욱 중요하고 가치 있는 도구로 자리잡을 것이라 확신합니다.

Chapter 14

마이크로소프트 혁신 교사 MIEE 제도

Lesson 01

MIEE 프로그램 소개

Microsoft MIEE(혁신적인 교육자 전문가)

교육자(강사는 교실 교사, 학교 리더, 전문 학습 전문가/트레이너, 교육 보좌관, 커리큘럼 전문가 또는 자신의 역할에서 교육 및 학습에 영향을 미치는 사람)가 되어 학생과 동료를 참여시킬 수 있는 새로운 방법을 찾기 위해 노력하고 있습니까? 교실의 모양과 느낌의 경계를 끊임없이 밀어붙이는 자신과 마찬가지로 다른 교육자의 글로벌 전문 학습 커뮤니티와 연결하고 싶다면 Microsoft 혁신적인 전문가 커뮤니티의 일원으로 참여해 주세요! MIE 전문가는 자체 지명 양식에 대한 응답의 품질, 학습 활동에 설명된 Microsoft 도구의 혁신 및 사용 수준 및 프로그램의 일부가 되는 것이 교육 및 학생 학습 모두에 미치는 영향에 대한 세부 수준에 따라 지역 Microsoft 담당자가 선정합니다.

더 알아보세요

▲ MIEE에 대한 소개

☞ Microsoft 혁신 교육자 전문가 사이트

MIEE(Microsoft Innovative Educator Expert)는 마이크로소프트가 전 세계적으로 운영하는 대표적인 교육자 리더십 프로그램입니다. 이 프로그램은 단순한 ICT 활용 교사 인증을 넘어, 교육 혁신을 이끌고 동료 교사와 사회에 긍정적 영향을 미치는 교육자를 선발하고 지원합니다. 한국에서도 많은 MIEE 교사들이 현재 활동을 하고 있습니다.

MIEE 프로그램은 교육 혁신을 주도하는 리더 양성을 목표로 합니다. Microsoft Teams, OneNote, Minecraft Education, AI 등 다양한 기술과 혁신적인 교수법을 접목하여 학생들의 참여도, 창의력, 협업 능력, 문제 해결력 등 21세기 핵심 역량을 기를 수 있도록 돕습니다.

또한, 전 세계 약 3만 명의 MIEE와 600여 개의 쇼케이스 스쿨이 참여하는 글로벌 커뮤니티를 통해 공동 프로젝트와 국제 행사에 참여하고 다양한 교육 경험을 공유할 수 있습니다. 이 프로그램은 끊임없이 배우고 성장하며, 동료 교사들과의 협력을 통해 교육 현장에 긍정적인 변화를 이끌어내는 것을 지향하고 있습니다.

MIEE의 주요 역할과 활동

❶ **수업 혁신 실천**: Microsoft 기술을 적극적으로 수업에 활용하여 학생 중심의 창의적이고 참여적인 수업을 실현합니다.

❷ **지식과 사례 공유**: 컨퍼런스, 연수, 블로그, SNS 등을 통해 교육 혁신 사례를 나누고 교육 공동체 발전에 기여합니다.

❸ **정책 및 제품 개발 참여**: Microsoft의 신제품 테스트 및 교육 정책 제안 등에 참여하여 현장의 목소리를 전달합니다.

❹ **MIE Fellow로 성장**: 일부 MIEE는 MIE Fellow로 선발되어 지역 및 세계 무대에서 리더십을 발휘하고 멘토로 활동하게 됩니다.

Lesson 02
MIEE의 지원 과정

MIEE 프로그램은 교사, 학교 관리자, 트레이너, 교육과정 전문가 등 교육에 직접적으로 영향을 끼치고 있는 교육자라면 누구나 지원할 수 있습니다. Microsoft Educator Center를 통해 자기소개, Microsoft 기술을 활용한 수업 사례, 프로그램에 참여하고자 하는 동기 등을 영상, Sway, 문서 등 다양한 형식으로 제출하면 됩니다.

제출한 내용은 지역별 Microsoft 담당자가 혁신성, 구체성, 도구 활용 능력, 참여 의지 등을 기준으로 평가하여 선정합니다. 한국에서 선정된 MIEE는 기본적으로 1년간 활동하며, 연장을 원하는 경우 다시 신청하고 최근의 수업 혁신 사례를 제출합니다.

다음은 Microsoft Innovative Educator Expert의 일반적인 신청 과정입니다. (다음의 내용과 커리큘럼은 해마다 변동될 수 있습니다. 어떤 시스템인지 이해하는 정도로만 참고하면 됩니다.)

❶ Microsoft Learn에 가입합니다. 그리고 Microsoft Learn에서 프로필을 만들어 성과를 확인합니다.

❷ Microsoft Learn에서 다음 학습 경로와 모듈을 완료했는지 확인합니다.

■ Microsoft Educator Academy: 교육-학습 경로

■ 교육자를 위한 AI: 교육-학습 경로

■ 독서 코치와 함께 독서 유창성 키우기: 모듈

- Microsoft 도구를 사용하여 K-12 교실의 사이버 보안 복원력 구축: 모듈

❸ 질문 문서 사본을 다운로드하고 답변을 준비합니다.

(https://aka.ms/MIEExpertquestions2025)

❹ https://aka.ms/edunomination에서 로그인하거나 가입합니다.

❺ 지원 기간 동안 지원 설문조사를 작성합니다.

* 다음 링크는 현재 MIEE로 활동하고 있는 광탄중학교 강은영 선생님이 만든 MIEE 지원 관련 자료입니다. MIEE에 대한 모든 것이 잘 들어 있는 링크이니 궁금한 교사들은 확인해 보면 큰 도움이 될 것입니다.
(https://www.canva.com/design/DAGsh7Sqbr0/M5P_4JftiYw7mYbTlAWUWw/view?utm_content=DAGsh7Sqbr0&utm_campaign=designshare&utm_medium=link2&utm_source=uniquelinks&utlId=hc6a5b5e658)

MIEE가 누릴 수 있는 혜택

❶ 전 세계 교육자들과의 교류 및 글로벌 네트워크 참여

❷ Microsoft의 독점 교육 자료, 연수 프로그램, 공식 인증 및 커리어 성장 기회

❸ Microsoft 제품의 베타 테스트 참여 및 교육 정책 제안 기회

❹ 국제교육포럼(E2) 참가 및 쇼케이스 스쿨과의 협업(지원 및 선발을 통해 가능)

❺ 학교 및 지역사회에서 교육 혁신 리더로 활동할 수 있는 다양한 지원

Lesson 03
한국에서의 MIEE 운영 방식

2024~2025학년도 기준으로 전 세계 약 3만 명의 MIEE가 활동 중이며, 국내에서도 수십 명의 교사가 선정되어 활발히 활동하고 있습니다. 국내에서는 정기적인 연수와 워크숍을 통해 교육자들이 Microsoft 기술을 실습하고 공동 프로젝트에 참여할 수 있는 기회를 제공하고 있으며, 국제교육포럼(E2)을 비롯한 국제 행사에도 참여할 수 있습니다.

또한, MIEE 교사들은 현재 각 학교에서 동료 교사 연수, 혁신 사례 발표, 교육청 협력 등을 통해 교육 혁신의 중심 역할을 하고 있습니다. AI(Copilot), 클라우드 서비스(OneDrive, Azure 등), 데이터 분석(Power Platform), 게이미피케이션(Minecraft) 등 최신 기술을 교육 현장에 선도적으로 도입하고, 포용적 학습 환경을 조성하는 데에도 앞장서고 있습니다. 특히, 최근에는 각 교육청에 A3 라이선스가 도입됨에 따라 이를 활용하는 방법을 가장 앞장서서 전파하는 활동을 하고 있습니다.

MIEE 제도는 Microsoft 기술과 혁신적인 교수법을 바탕으로 교육을 변화시키고자 하는 열정 있는 교사들을 위한 글로벌 프로그램입니다. 한국에서는 Microsoft Korea의 주관 아래, 우수한 교사와 학교를 매년 선정하고 다양한 연수, 네트워킹, 교육 혁신 활동을 지원하고 있습니다. MIEE는 단순한 ICT 활용 인증을 넘어, 전문성의 성장을 도모하고 글로벌 교육자와의 협력을 통해 미래 교육을 함께 만들어가는 플랫폼입니다.

MS 365의 모든 것

1판 1쇄 인쇄 2025년 7월 10일
1판 1쇄 발행 2025년 7월 17일

지은이 이상민, 김홍순, 강현욱
펴낸이 이기준
펴낸곳 리더북스
출판등록 2004년 10월 15일(제2004-000132호)
주소 경기도 고양시 덕양구 무원로 6번길 12 대흥빌딩 815호
전화 031)971-2691
팩스 031)971-2692
이메일 leaderbooks@hanmail.net

ⓒ이상민, 김홍순, 강현욱, 2025(저작권자와 맺은 특약에 따라 검인을 생략합니다)
ISBN 979-11-93555-08-8 03370

이 책은 저작권법에 따라 보호받는 저작물이므로 무단전재와 무단복제를 금지하며,
이 책 내용의 전부 또는 일부를 이용하려면 반드시 저작권자와 리더북스의 서면동의를 받아야 합니다.

- 파본은 구입하신 서점에서 교환해드립니다.
- 책값은 뒤표지에 있습니다.

> 리더북스는 독자 여러분의 책에 관한 아이디어와 원고 투고를 설레는 마음으로 기다리고 있습니다.
> 책으로 엮기를 원하는 아이디어가 있으신 분은 이메일 leaderbooks@hanmail.net로 간단한 개요와 취지, 연락처 등을 보내주세요.